疲憊媽媽的修復練習

從每個育兒挫折的片刻，
看出內在的需要，
用自我對話發覺真實感受，
找回愛的力量。

作者——朴宰蓮
譯者——鄭筱穎

目錄

作者序

什麼樣的媽媽才是「好媽媽」？

在人生的舞台上，我們每個人都扮演著不同的角色，場次不同，角色亦不同。然而，唯有「媽媽」這個身分，是很多女性們到生命的最後一刻為止，都無法放寬心坦然卸下的角色。無論是結婚後原本就計畫好要懷孕，或是婚後自然而然就生小孩成為母親，還是抱著既期待又怕受傷害的心情生下孩子，當我們成為母親之後，似乎就注定了一生要為孩子牽掛。

還記得第一次在懷裡抱著那個好小好軟的嬰兒時，內心那種難以言喻的悸動嗎？即使是在才剛生完孩子，身體狀況都尚未完全復原的狀態下，打從那一刻開始，渾身卻自然散發出本能的母愛，期許自己能夠當一個稱職的好媽媽，希望孩子平安健康長大。

然而，在當媽媽的過程中，卻赫然發現許多事情並不是如我們預期中的那麼簡單。陪伴孩子成長的過程中，往往伴隨著許多不為人知的焦慮和恐懼。有時候，我們甚至會開始懷疑自己，是否真的有資格當一個好媽媽？

有段時間，我曾獨自帶著孩子到國外旅居生活。在那段時間裡，不只孩子需要適應，連我自己都還在努力調適新生活。當孩子開始上學後，原本我打算要親自接送孩子上下課，沒想到兒子卻毅然決然的拒絕，執意要自己一個人去學校。就這樣過了幾個星期，某天中午，那個看似堅強獨立的孩子，卻突然哭著打電話給我，跟我說：「媽，妳可以幫我拿幾本故事書來學校給我嗎？在這裡都沒有人要跟我一起玩！」

直到那一刻我才終於明白，原來兒子在學校已經被排擠了好一段時間，但卻因為怕我看到後會難過失望，所以才堅持要自己去上學。掛上電話後，我連忙帶著書匆匆趕到學校，從遠遠地就看到孩子孤伶伶的一個人佝僂著身子，待在空蕩蕩的操場上。看到這場景，我頓時失去了理智，立刻衝去質問老師：「為什麼我的孩子會獨自一人在那裡？」雖然老師好聲好氣地解釋，因為文化差異的關係，所以孩子暫時還沒這麼快交到朋友，等過一段時間後，情況就會好轉。但看到孩子瑟縮的肩膀和悲傷的眼神，我根本聽不進老師說的話。然而，我也束手無策，沒有其他更好的解決方法。回頭找孩子之前，我先到洗手間擦乾眼淚，靜下心來仔細思考著：「目前孩子最需要的是什麼？」然後，我緩緩地走向孩子，給了他一個大大的擁抱，接著再把書拿給孩子。

那天下午孩子回家後，我們聊了很多。年幼的兒子抱著我，哭著跟我說不想待在這裡。從那之後，兒子會花好幾個小時的時間，在學校閱讀明明在家裡連看都不想看的書，藉由書度過難熬的寂寞時光。我也經常和兒子聊天，和他一起討論為何還無法交到好朋友的原因。就這樣過了三個月後，兒子開始慢慢交到朋友，並且和他的好朋友們開心地在操場上嬉戲玩耍。

回想起和孩子一起生活的那段時間裡，我也時常瞬間理智斷線，情緒波動起伏很大。有好幾次控制不住自己，朝孩子大聲怒吼斥責，但當孩子睡著後，看著孩子熟睡的臉龐，卻又為自己的情緒失控感到懊惱萬分，甚至因此輾轉難眠。

我遇過很多媽媽都曾經跟我有過一樣的經驗。一位全職媽媽曾跟我說，因為情緒找不到出口，她時常忍不住對孩子發脾氣，對此感到很愧疚。還有一位職業媽媽則是因為平常要上班工作，能陪伴孩子的時間不多，但回家後卻又因為身心俱疲，動不動就對孩子發脾氣，但等到孩子睡著後，看著孩子睡著的樣子，心中總是升起滿滿的歉意，經常哭著入睡。

從現在起，請放下這些無謂的自責吧！身為母親的我們，其實已經學習到人生中很重要的經驗，我們體驗到原來施比受更有福；體驗到奉獻；體驗到光是看著孩子的笑容，就能感受到幸福。在我們還沒成為母親以前，可曾有過當看到某個人難受時，自己比對方更難過的感受？

但當了媽媽後的我們，看到孩子生病時，卻恨不得自己能代替孩子承受痛苦。雖然有時也會因為一時衝動，做出不理智的行為而感到懊惱，但我們比任何人都還要真心渴望孩子能夠幸福快樂，這就是天底下所有為人母親的心情。

並沒有什麼所謂「好媽媽」的標準，只要妳能聆聽孩子的煩惱，不介意在孩子面前落淚，並且能真誠地和孩子傾訴自己的悲傷，妳就已經是最棒的母親了！

在這本書當中，記錄了過去兩年來我在 Mom's Radio 電台節目中，曾幫助一些媽媽自我療癒，透過重新認識自己，進而以不同的角度和孩子展開對話的故事。雖然這些案例故事並不足以囊括全部，但希望能以此書作為契機，幫助大家從此刻開始，和孩子一起尋找表達愛的方式。

其實，每個母親都是任誰也無法取代的，獨一無二的完美好媽媽。

朴宰蓮

二〇一八年二月

寫於灑滿陽光的兒子房間

第一章

媽媽的自我覺察

——身為母親的妳，了解自己嗎？

01 現在的妳，活在愛裡嗎？

愛是一切的原動力

身為母親的我們，總會想著：「要怎麼做對孩子最好？」、「要如何才能讓孩子知道我有多愛他？」

在進行親子溝通課程時，經常聽到很多媽媽跟我說：「我很想當一個好媽媽，但是我就是控制不了情緒怎麼辦？」、「我是一個不大擅長說話的人，每次明明想說些什麼，但卻不知道怎麼開口說。」

明明心裡很愛孩子，但卻不知道該如何好好表達對孩子的愛。於是，某天上課時，我邀請這些媽媽們和我一起進行一項練習。

「首先，請妳們閉上眼睛，回想過去是否曾經有過幫助別人，卻不求任何回報的經驗？那是什麼樣的感受？請仔細回想看看。」

其中，有一位媽媽閉著眼睛，臉上漾起了幸福的微笑。她有兩個孩子，一個國小三年級，一個國小五年級，我問她閉著眼睛時，想到了什麼事情？她是這麼說的：「我家隔壁住了一位即將要臨盆的孕婦，因為她和她的先生是假日夫妻，我每次看到她，都會想到她可能都是自己一個人吃飯。某一天，碰巧搭電梯時遇見了，我想都沒想劈頭就開口問她『吃過飯了嗎？如果沒吃的話要不要一起吃？』其實我平常很少跟不熟的人一起吃飯，但那天和她一起吃飯卻一點也不覺得尷尬，明明是付錢請客，卻意外地感到很開心滿足。本來心裡面是希望自己能夠為那位懷孕的太太做些什麼事情，但後來發現，在這過程中我反而才是得到更多收穫的那個，因此不由自主地笑了。」

她在付出的時候，其實心中並不期待獲得任何回報，因而感受到了全然付出的喜悅。其他媽媽們和我聽完她的話後，紛紛拍手鼓掌嘉許她，而她也忍不住靦腆地笑了。

其實妳已經是一個好媽媽了

「我是一個糟糕的媽媽。」

「我這個媽媽當得好失敗！」

當了媽之後的我們，常常會不自覺把這樣自責的話掛在嘴邊，但我卻看到了這些話背後所蘊含的真實意義。

我們總想竭盡所能地給孩子更好的，倘若過程中，有稍微做不好的地方，就會忍不住自責懊悔。然而，之所以會想盡可能對對方更好，其實也代表著內心希望能再更愛對方多一些。換言之，當我們覺得自己不夠好的時候，也正意謂著我們心裡正深深愛著某個人。其實，在生活中各種細微處，我們已經默默給予孩子滿滿的愛。看到孩子趴在胸口拼命吸奶，額頭上沁出涔涔汗水的樣子，就算身體尚未復元，仍忍痛起身調整姿勢，只為了讓孩子能夠更舒服地喝奶；當孩子跌倒受傷時，就算自己身上已經拿了大包小包的東西，仍舊背起孩子走回家；當孩子躺在懷裡睡著時，就算已經手麻，但為了讓孩子更好睡，仍繼續忍著動也不敢動；半夜睡到一半，孩子突然嚎啕大哭，頂著惺忪的睡眼也依然起身餵奶給孩子喝；當孩子一生病，就算是徹夜未眠也會守在孩子身邊照顧他。

以前的我們怎麼可能想得到，自己居然會為了滿足另一個人的需求，如此使命必達？如此無微不至？但在當了媽以後，常常會對自己神力女超人般的「超能力」感到不可思議。我們之所以會這麼做，不單單只是因為責任感，更是因為一份對孩子的愛。不知道從什麼時候開始，身上的母愛自然而然地流露出來，散發著獨有的母性光輝。

然而，這種愛人的能力並不是突然從天而降的，那是我們早就已經擁有的力量。竭盡全力付出卻不求回報，只希望孩子能平安健康長大，像這樣全心全意照顧孩子、陪伴孩子成長，正是因為一份無條件的愛。

我們究竟從何時，開始學會愛呢？

小時候，我是在雙薪家庭中長大，我的母親是一位職業婦女。還記得小時候，媽媽幾乎每天都要忙到晚上九點多才會回家。她一回到家，第一句話就是問我們是不是餓了？連衣服都還沒換，就會立刻衝到廚房洗手準備晚餐。那時候的我，每天都痴痴地等著媽媽回家，每次只要聽到媽媽問「餓了嗎」時，我就會感到特別開心。直到後來我也成為了母親，某天當我回到家，也一樣連衣服都還沒換，就到廚房替孩子準備餐點時，不知怎麼地，眼淚忽然就掉了下來。因為我的腦海中突然浮現兒時的這段回憶。小時候的我看到媽媽回家只覺得開心，長大後，我才明白這份母愛是如此深刻，明明媽媽上班一整天回到家後已經累壞了，但她卻連休息都沒有，又馬上忙著打理照顧我們的生活起居，想到這裡，忍不住心疼落淚，很希望自己也能夠為她做點什麼事。

這就是愛。我們經常因為奔波忙碌於日常瑣事，而忽略了這些看似微不足道的細節，但這些細微之處，正是愛的體現。愛，就住在我們每個人的心裡。從出生的那一刻開始，無論是歷經了孩提時期，還是此時此刻，甚至是在未來，我們每個人的內心，都擁有著無與倫比強大的愛的力量。當妳闔上這本書的那一刻，請務必記得一件事，我們的生命之所以美麗，正是因為愛，因為心中有愛，生命才能如此耀眼動人。

那麼，我們究竟是從什麼時候開始學會愛的呢？是從父母那學來的？還是在學校裡學來的？又或者是當從我們出生的那一刻起，就已經懂得如何去愛？在與許多人聊過之後，我發現愛並不是透過後天學習而來的，愛是一種與生俱來的能力，它存在於我們每個人的心中。當我們在充滿愛的環境下成長時，自然而然會更懂得如何去愛。愛是一種每個人天生都具備的天賦能力。然而，令人感到遺憾的是，我們似乎不認為也不相信，愛是每個人與生俱來的力量。

對此，美國發展心理學家邁克爾・托馬謝羅（Michael Tomasello）在《我們為什麼要合作》（*Why We Cooperate*）一書中，曾用「天生的合作者」一詞，來描述人類從嬰幼兒時期開始，就擁有想要幫助別人的念頭。托馬謝羅指出想要幫助人是一種天性，並不是後天社會化習得而來的。從孩子出生後十四到十八個月後，就可以觀察發現到，孩子會想要幫助別人，或是想替別人做些什麼事，其出發點並不是因為父母的獎賞或鼓勵。這代表著人類從一出生開始，即使沒有任何回報，也自然而然想要為他人做出奉獻，懂得體貼愛護他人。

當孩子們在遊樂場玩耍時，你可以看到孩子彼此互相幫忙合作的樣子；當孩子們在學校時，有很多孩子都很樂意幫老師的忙。還記得當妳生病時，孩子們伸出稚嫩的小手，放在妳額頭上看起來擔心的表情嗎？還記得當妳難過傷心時，孩子們陪在妳身邊一起哭的模樣嗎？小時候的妳，是否也曾經做過跟孩子一樣的事呢？

我相信正在閱讀本書的很多媽媽們，小時候應該也都做過這些貼心的舉動，也知道很多人之所以會想要學會如何與人溝通，會開始進行自我對話練習，都是希望能夠拉近人與人之間的關係、想要更貼近彼此的心、想要學會如何去愛。但其實打從我們出生的那一刻起，我們就已經懂得什麼是愛，愛是生命的本質，是那麼純粹自然，我們很自然而然就會想要幫助別人，想要與人分享，想要為他人做出貢獻，而這樣的心意，就是愛。

付出，是一種愛的延續

愛，會讓人自然而然想要為別人付出，而付出是一種愛的延續。這份愛的延續，不只是對好友、家人，甚至對初次見面的陌生人也會。在車上讓座給老人家，並不是出自於「我應該這麼做」的義務性行為，而是因為愛。我們會去幫助社會上需要幫助的弱勢族群、在寒冬中送暖、當別人有難時，慷慨解囊助他度過難關、看到電視新聞上播放令人難過的負面新聞時，飯吃到一半忍不住放下手邊的筷子，懷抱著沉重的心情為那些人祈禱祝福等等。

我們之所以會這樣做，是因為我們心中都有「愛」。愛，是一種驅使自己想要為他人貢獻付出的原動力，是一種自然的行為。當我們活在愛裡，會覺得自己是全天底下最幸福的人。也正因如此，我們會希望孩子也能夠跟我們一樣，能夠在愛中成長茁壯。然而，生活在充斥著比較和競爭的社會中，緊湊而忙碌的生活步調有時會讓我們忘了去愛，忘了讓心中這份愛的光芒綻放出來。但是在我們內心深處，依然殷殷盼望著，希望孩子是一個懂得如何去愛、願意付出貢獻的人。

因此，我們總是會不由自主地想要教孩子如何去愛，我以前也經常告訴孩子要懂得為別人付出、要學會替別人著想，就是希望孩子能夠成為一個懂得愛和付出的人。事實上，孩子天生就擁有愛人的能力，不需要刻意教他們，他們就已擁有一顆樂於助人、體貼善良的心，只要我們細心觀察，就能發現孩子與生俱來就擁有愛的能力。

「以前我有一個朋友腳受傷，在他受傷的那三個月裡，我每天早上都會到他家門口接他，幫他背書包，扶著他一起去上學。那時候的我們，感情非常好，我們之間的關係，是一種難以言喻濃得化不開的友情。」

「我讀大學時，每天都會搭地鐵上學。偶爾在車上會遇到賣口香糖的老奶奶。雖然她賣的口香糖價格稍微貴了一些，但我想反正都要買了，不如就跟有需要幫助的人買，還可以藉此幫助她。後來某天她突然不再出現了，心裡面覺得很難過，也忍不住擔心她怎麼了？」

為什麼我們會去做這些不是為了賺錢，或並非為了獲得別人認可的事呢？為什麼明明沒有人看見、明明沒有人規定我們必須這麼做，我們也會因為伸出援手幫助別人，心裡頭感到幸福喜悅呢？**雖然我們無法時時刻刻都感受到這份幸福，但至少我們都盡可能地想要為他人貢獻出一己之力，當我們付出給予時，反而能得到更多踏實幸福的感受**。

人活在這世上，就是為了追尋所謂的「意義」。因此，當我們和孩子溝通時，也請試著放下「應該要」、「必須要」的框架，讓孩子們去理解為什麼要這麼做？背後的「意義」是什麼？透過這樣的溝通方式，才能讓彼此更靠近彼此。

自我對話練習

給自己一小段時間，靜下來細細感受愛，讓自己重新活在愛裡吧！現在，請找一個安靜的地方，讓自己靜下來，把以下這段話念出來，音量要大到讓自己可以聽得見。

- 無論是過去的我，還是現在成為母親的我，我都是珍貴美好的存在
- 我無條件地愛我自己
- 我如實接納孩子原本真實的面貌
- 我以寬容的心去愛身旁所有的人
- 我與生俱來就擁有無與倫比強大的愛的力量

MOTHER'S DIARY

喚醒心中的愛

現在，我總算明白了。

即使當我偶爾犯了錯，所做的事情看似與愛背道而馳，
但我知道在我心中的那份愛一直存在著，不曾離開過。
即使我的心受了傷，痛到讓我看不見身旁美好的人事物，
那也不會讓我失去愛人的能力。

當我牽著孩子的手散步時，
透過溫熱的手心，去感受孩子的溫度，
透過孩子的雙眼，重新去看這世界，

百分之百全神貫注地聆聽孩子所說的一切，
專注孩子的專注，滿足孩子的滿足，
在此時此刻全然與孩子同在，
即使沒有人告訴我，我也都清楚地知道，
我與生俱來就擁有這份愛與奉獻的力量。

即使我所知道的這個真理，
偶爾被痛苦和傷害的烏雲遮住了光芒，
我依然堅信，在我心中那份愛的力量會守護著我。
我所要做的，
並不是追尋我所沒有的，
而是去喚醒心中偶爾被遺忘的愛。

我的存在本身，就是無與倫比的美麗，

我知道我是這世上獨一無二美好而珍貴的存在，
這樣的我，如此美好珍貴的我，
也必定能讓來到我生命中的孩子，
活出他最美好的自己！

不是因為我是母親，
而是因為我是我自己，
是一個能夠去愛，也能被愛的完整獨立個體，
現在，我不會忘記這份愛，我會讓愛銘記在心。

02 溝通中最困難的是什麼？

無心脫口而出的話，往往最傷人

一般來說，最有效、最簡單能夠立刻讓孩子聽話的方法，就是製造恐懼讓孩子感到害怕。在我們的生活周遭，不難發現有很多父母會利用孩子恐懼的心理，強迫孩子乖乖聽話。然而，是因為這些父母很糟糕，才會威脅恐嚇孩子嗎？其實並不然。

為什麼父母心裡如此愛孩子，卻總是比其他人帶給孩子更大的傷害？不單單只是對孩子而已，當和朋友、家人、同事們溝通時，為什麼總是一言不合就吵起來？為什麼溝通到最後反而讓衝突更激烈，關係更惡劣？為什麼爭吵時所說的那些傷人的話，會烙印在腦海裡揮之不去？

人與人之間之所以會起衝突，其中一項原因是因為我們往往會「想到什麼就說什麼」。我也是花了很長一段時間，才深刻體悟到這個道理。雖然我們看似一直不停在和對方溝通，但其實大部分我們說出口的話，都是不經過大腦思考，想到什麼就說什麼。

「心直口快」是關係中的殺手

恩雅媽媽是一位職業婦女，因為平常要上班，因此請住在附近的娘家媽媽，幫她照顧六歲大的恩雅。娘家媽媽一早就會到女兒家幫忙，從女兒準備上班開始，幫恩雅準備早餐、帶她去幼稚園上學、幫忙打掃家裡，甚至是準備晚餐，都是由娘家媽媽一手包辦處理，恩雅媽媽其實心裡一直都很感謝媽媽的幫忙。

但是，從不久前開始，恩雅只要到了週末和爸媽在一起時的吃飯時間，就會要求要看電視。電視一打開後，整個人就像著迷似的直盯著螢幕，如果把電視關掉，她就會瘋狂大哭，到最後媽媽沒辦法，只好讓她一邊看電視一邊餵她吃飯。這樣的情形一而再再而三的發生，搞得恩雅媽媽一到週末，就會經常和孩子吵架，親子關係變得很緊張。

某天晚上，恩雅媽媽不知怎麼地覺得特別累，下班拖著疲倦不堪的身軀回到家裡後，看到恩雅正在吃晚餐。女兒不是在餐桌上吃飯，而是坐在客廳裡邊看電視，邊讓外婆餵飯。

恩雅的媽媽看到這一幕，頓時失去理智，整個人發瘋似地怒吼：「媽，妳為什麼老是讓孩子一邊看電視一邊吃飯？應該要讓她坐在餐桌上吃飯才對，妳曉不曉得妳這樣慣壞孩子，只會讓我變得更累？都是因為妳，她現在吃飯一點規矩都沒有，妳知道嗎？妳這樣根本是越幫越忙。」

恩雅媽媽大聲吼完之後，一個人獨自回到房間，眼淚也跟著落了下來。

她是一個糟糕的女兒、不及格的母親嗎？不，並不是這樣的。但有件事情是可以確定的，那就是她在說話的時候，並沒有先想好自己應該說些什麼，而是想到什麼話就直接說出來。當她下班一回到家，看到女兒和自己的母親坐在客廳，女兒一邊看電視，母親一邊餵她吃飯時，恩雅媽媽腦海中浮現出的第一個想法是：「吼，又來了！這樣會讓恩雅吃飯習慣變得很糟糕，我媽這樣做會讓孩子學壞，我得立刻糾正她這樣的行為才行！」

像這種在腦海中第一時間跳出來的想法，會讓我們沒有意識到什麼話該說，什麼事該做，而就直接照著想法行動。因此有時會生氣大聲怒吼、有時會打人、會惹哭對方、會讓對方傷心難過。說話的時候，並沒有深思過**當下想到什麼**，**就脫口說出**。

此外即便是看到同樣的狀況，在腦海中第一時間冒出來的想法也都會一樣嗎？答案是否定的。當恩雅媽媽看到這個畫面後，如果她心裡頭冒出來的第一個想法是：「幸好有媽媽幫忙，要不然還真不知道該怎麼處理恩雅的晚餐。」接下來說出口的話可能就會是：「恩雅，外婆煮的晚餐好吃嗎？有外婆在真的很幸福呢！媽，謝謝妳，有妳在真好！」

又或著如果當時她心裡的想法是：「天啊！我快餓扁了，好想快點吃飯喔！」那麼一回到家後，她可能根本懶得理會孩子到底是不是在看電視，劈頭直接跟媽媽說：「媽，我也餓了，幫我添一碗飯吧！」然後就坐在孩子旁邊，跟孩子一起吃飯也說不定。

在那一瞬間，每個人腦海中冒出來的想法都不一樣，也會因為狀況不同而有不一樣的反應，這是很難以預測的。因此，如果媽媽在孩子面前，沒有先想好應該對孩子說什麼話比較合適，而是看心情想到什麼就說什麼，缺乏一致性的教養，很容易讓孩子感到錯亂。

別被腦中冒出來想法給「呼攏」了

在進行溝通課程時，有一位母親聽了上述的案例後，忍不住開口發問：「那麼，假如我家孩子經常不寫作業，面對這樣的狀況，在當下我心裡頭冒出來的想法，難道是錯的嗎？」

於是我問她：「當看到孩子不寫作業時，妳心裡有什麼想法呢？」她回答：「我心裡面會想：這傢伙又不寫作業了！這問題很嚴重，得要好好罵他，才能讓他改掉這個壞毛病。」

我又接著繼續問：「所以當孩子每次只要不寫作業時，妳都會很生氣，覺得都是孩子的錯嗎？」那位媽媽沉思了一會兒說：「沒有，其實我並不是每次都會生氣，當我心情好的時候，就不會對孩子發脾氣。」

「那麼，那時的妳，心裡出現的想法是什麼呢？」

「我會想，我小時候也不大愛寫作業，可能孩子有時只是討厭寫作業而已，然後想為什麼他會不想寫作業呢？」

我們在與人溝通對話時，經常會誤把腦海中第一時間冒出來的想法和念頭，當成是心中的真實想法，因此會認為孩子沒寫作業這件事是錯的，得要立刻修正他的行為才行。然而，當我們認為自己是對的時，無論對象是誰，都只會讓溝通變得無效，讓彼此的關係變得更糟糕。

讓關係更惡劣的「悲劇式對話」

當媽媽回到家後，走進孩子房間檢查作業時，發現孩子的作業一個字也沒動，乾乾淨淨地躺在桌面上。媽媽看到之後，心裡頭冒出來的第一個想法是：「這孩子又沒寫作業了，這已經不是一次兩次的事了，一定要好好罵罵他，非得讓他改掉這個壞習慣不可！」

然而，這些都只是在第一時間的慣性思維而已。

當我們像這樣一味地認為自己是對的，對方是錯的，那麼對話會變得如何呢？

媽媽：你又沒寫作業了吧？為什麼你從來都不會主動寫作業。（評估判斷）

孩子：我現在才正要開始寫啊！

媽媽：你以為你騙得了我嗎？我太失望了，你這樣長大後能有什麼出息？（批判）

孩子：……

媽媽：還不快點進房間寫作業！再不寫，我就不讓你跟朋友去玩了！（強迫、威脅）

孩子：好啦！知道了啦！

媽媽：你這什麼態度？自己做錯事還敢大聲？我本來不想說這些的，你看看人家小俊，每次數學都考一百分，看看你，怎麼跟人家比？（比較）

孩子：為什麼要拿我跟他比？我也有很多地方比他厲害啊！

媽媽：好啊！那你說說看你哪裡比他厲害？小孩子本來就該好好用功念書、乖乖聽媽媽的話，你連這些事都沒做到，還敢說自己厲害（義務化、理所當然化）

孩子：知道了，我現在寫就是了！

媽媽：要是你乖乖把作業寫好，就不用像現在這樣跟媽媽吵架，你別再惹我生氣了，你以為媽媽愛罵你嗎？如果可以，我一點也不想罵你，真的！（合理化）

反射思維的種類：

評估判斷／批判／強迫、威脅／比較／義務化、理所當然化／合理化

對話溝通的目的是用來拉近彼此間的距離，讓關係變得更密切。但卻不知道為何經常弄巧成拙，反而讓關係變得更糟糕，搞到最後總是兩敗俱傷。在和對方溝通時，我們之所以會採用評估判斷、批判、強迫威脅、比較的模式，或是把某種行為變得理所當然、甚至是合理化自己的行為和言語，這些都是因為在展開對話時，我們很自然就會依循腦海中第一時間冒出來的想法來對話。

事實上，過去我們所學到的溝通方式都是錯的。所以經常可以看到很多人在溝通時，都無法打從心底說出真正想說的話，言不由衷然後又用批評的方式來攻擊對方。因為從小我們在原生家庭中，聽了太多像這樣的負面言語，耳濡目染下也不由自主地複製了這樣的對話，如果我們無法放下過往這些錯誤的溝通方式，很自然又會把這樣的模式套用在孩子或其他人身上。

修復關係的溝通要訣

其實，我們可以運用一些對話練習的方法，藉此修復過去曾經破裂的關係，找回心中對彼此的愛。雖然需要花時間努力練習，但只要學會了不同的溝通方式，就可以讓關係變得更緊密，更加的幸福美好。**首先，第一步要做的就是：先放下心中的焦慮和擔憂，察覺自己目前的狀態和想法，全然地接納包容自己的一切。**你必須理解並察覺自己過去是用什麼樣的方式在溝通，這樣的溝通方式是否讓對方受傷，也讓自己受傷了？或許在這個過程中，你會出現自責懊惱的想法，甚至覺得對不起對方，但請都先把它放下吧！**在修復關係之前，必須要做的第一件事就是：先修復自己的心。**

當那些反射性的想法又冒出來時，如果能在心裡告訴自己：「那只是我第一時間的想法而已，並非事實。」就能漸漸擺脫慣性思維的框架限制。當我們開始有意識察覺時，就能不受這些想法左右，進而展開良好的對話模式，進而修復關係。你也可以試著採用馬歇爾・盧森堡（Marshall B. Rosenburg）博士所提出的非暴力溝通的對話方法。他所提出的非暴力溝通要素，主要有以下四個步驟：

1. 觀察（描述事件，不帶批評）。
2. 用心體會自己的感受。
3. 找出感受的源頭（需要未被滿足）。
4. 提出具體的請求（不是命令）。

首先，先秉持著中立的態度，仔細觀察具體的行為事件。接著，察覺自己對這件事有什麼樣的感受？再去探討為何會有這樣的感受？是什麼需求沒有被滿足？最後，再練習試著把自己內心真正的渴望和需求表達出來。

從恩雅媽媽的案例來看，她認為女兒的不良飲食習慣，都是娘家媽媽造成的。然而，這只是她腦海中第一時間跳出來的想法，如果她能認知到這點，就可以去思考如何改善狀況，進而提出具體的方法，可能就會出現截然不同的對話。例如，她可以這麼做：

回家後看到女兒在客廳看電視，娘家媽媽在一旁餵她吃飯。（觀察）

靜下心聆聽自己內在的聲音，察覺「自己擔心女兒會有不良的飲食習慣」。（感受）

希望娘家媽媽能讓孩子坐在餐桌吃飯，而非邊吃飯邊看電視。（請求）

真誠地和媽媽說出內心真實想法和感受，請媽媽跟孩子說快點吃完晚餐後，就可以看自己想看的節目。如果孩子一開始拒絕不想坐在餐桌上吃飯，除了看電視之外，也可以和孩子商量，讓孩子在吃飯的時候，拿一項自己喜歡的玩具。（具體請求）

類似這樣的溝通方式，在後面的章節中，將會分成幾個階段來練習。想要做到這樣，是需要花時間練習的，不可能一蹴可幾。當然在這過程中，可能會出現，一開始很順利，但後來卻失敗的情況。不過，只要我們能夠察覺到慣性思維下跳出來的這些想法，並且學會不受它影響，有心願意持續不斷練習，相信一定會越來越進步的。慢慢來，沒關係，讓我們一起努力學習吧！

自我對話練習

1. 練習察覺自己腦海中第一時間冒出來的想法是什麼，並試著區分它們分別是以下哪種。

評斷／批判／強迫、威脅／比較／義務化、理所當然化／合理化

2. 接著在心中告訴自己，這些想法並不是真的，那只不過是慣性思維下跳出來的想法而已。

03 妳有多了解自己呢？

運用「周哈里窗」，為自己的人生開一扇窗

如果你想要擁有幸福美滿的婚姻關係；想要和孩子建立良好的親子關係；想要和周遭的朋友們相處融洽；想要和在乎的人創造美好的連結，那麼你認為最重要的關鍵要素會是什麼呢？心理學家喬瑟夫．魯夫特（Joseph Luft）和哈利．英格漢（Harry Ingham）為了幫助人們進行良好的溝通，提出了「周哈里窗」理論。倘若能夠充分理解並善加運用這四大區域，就能擁有良好的人際關係。

「周哈里窗」理論中的四大區域分別為：

1. 開放自我：自己知道，別人也知道的部分
2. 盲目自我：別人知道，但自己不知道的部分

3. 隱藏自我：自己知道，但別人卻不知道的部分

4. 未知自我，自己和別人都不知道的部分

開放我：我知道，別人也知道的我

開放我，指的是自己知道，別人也知道的部分，也稱為「開放領域」（OPEN AREA）。

這兩位心理學家認為，人們如果能夠盡可能拓展擴大開放自我領域，透過更多的自我揭露，就可以拉近彼此間的距離，創造美好幸福的人際關係。

每次當我在課堂上進行分組對話練習時，一開始常常會因為和對方不熟，連和對方對到眼都會覺得尷尬不自在。但在自我介紹後，如果知道對方跟我一樣都是媽媽，而且正巧孩子年紀差不多時，說也奇怪，很容易就能跟對方變熟。一

周哈里窗

	自己知道	自己不知道
別人知道	開放我（open）	盲目我（blind）
別人不知道	隱藏我（hidden）	未知我（unknow）

到了休息時間，彼此還會繼續分享交流媽媽經，也會聊一些只有媽媽才懂的心裡話。下次上課碰面時，甚至還會互相交換彼此可能需要的物品，會知道彼此喜歡的事，也會刻意避免對方不喜歡的。

像這樣透過拓展自我，讓彼此能夠更加認識，了解對方喜歡什麼、討厭什麼，自然就能減少不必要的衝突。即使當衝突發生，也可以很快化解。不過，互相認識彼此的過程中，有時並非都如此順利。某次，當我在一間企業進行演講時，有一位男性朋友分享了他的故事。

某個炎熱的夏日午後，太太打電話給我，說她想吃冰淇淋，要我下班後買回家。於是，下班回家的路上，我順道去了超市，買了一大袋的冰棒。

回到家後，我把裝了冰棒的袋子遞給太太，接著就先進房換衣服。當我從房間出來時，卻看到太太把冰棒全部倒在桌上，一臉不悅地看著我。於是我問她：「怎麼了？怎麼不吃呢？」

想不到，她開始大發雷霆：「我明明是要你買冰淇淋回家，結果你買了一堆冰棒，我要的冰淇淋在哪裡？」聽她這麼一說，我才知道她在氣什麼，我連忙向她道歉，跟她說我再出去買就是了。但她卻更生氣地說：「買不買冰淇淋根本不是重點，重點是你難道不知道我不吃冰棒嗎？我們在一起十一年了，你怎麼會連我不吃冰棒這件事都不知道？你到底了不了解我啊？」儘管我一再道歉，太太卻仍舊很生氣。突然間，我想起了一件事，也因為這件事，巧妙化解了這次的吵架危機。

「老婆，妳記不記得上次我生日的時候，妳炒了一盤茄子。可是妳知道嗎？我其實不喜歡吃茄子，而且很討厭茄子的味道，妳看，妳也不知道我不愛吃茄子對嗎？」

「老公，你不吃茄子嗎？」太太聽完我的話，嚇了一跳。

說完，我們兩個都笑了。

在認識對方的過程中，有時也會像這樣發生衝突。故事中的先生，想必之後絕對不會再買冰棒給太太吃了。當我們越了解對方，自然而然地也就越能減少衝突。

和子女溝通時也是一樣，就算孩子是我們生的，我們一手帶大的，他們仍舊是獨立完整的個體，有自己的想法和習慣。如果我們總是把自己的想法加諸在孩子身上，這會讓親子關係產生許多衝撞磨擦。因此，我們應該要透過溝通、透過相處的經驗，試著更認識彼此，當我們以同理心理解對方時，關係自然就會圓滿融洽。

盲目我：我不知道，別人卻知道的我

某次，忘了是因為什麼事情，和兒子鬧得有些不愉快。爭吵時，兒子突然對我說：「反正我說什麼妳都聽不進去，到最後還不都是妳說了算。」我記得當時的我，聽到這句話非常難過。同時我心裡想的是：「不是我不肯聽你的，是因為你說的話根本一點道理都沒有，有誰會聽得進去啊？」所以更感到委屈。之後，我和一位很要好的朋友聊天時，她對我說：「雖然妳表面上微笑著，但事實上只要妳心裡面認為妳是對的，就絕對不可能妥協讓步。」

你是否也曾有過，像這樣心裡對自己的看法和別人不同的時候呢？

當我最信任、最親近要好的朋友，有意無意跟我提過好幾次後，我才第一次察覺到：「啊，原來在別人眼中的我，是這個樣子的啊！」仔細回想後，腦海中浮現出了過去自己在與親近的人相處時的回憶，我似乎真的像他們所說的一樣。事後回想起來，甚至會為此感到很不好意思，恨不得立刻找個洞鑽進去。

每個人都需要透過別人的意見回饋，讓我們去看見自己看不見的盲點。但必須說，這個過程其實是很痛苦的。因為即便我們知道這些意見和回饋是出自於善意，但心裡還是會覺得那些話聽起來像是在批評、貶低自己，因此會心生抗拒而不願意承認。**在周哈里窗理論中，像這樣別人看得見，自己卻看不見的盲點，就稱之為「盲目我」（BLIND AREA）。**

試想當我們閉上眼睛時，周遭的人卻都張大眼睛在盯著我們、觀察我們的一舉一動，我們自己看不見自己，但別人卻可以一眼就看穿我們，這樣的感覺一定或多或少會讓人覺得不舒服、不自在。然而，雖然我們外表看起來似乎對自己很了解，但有時候我們也需要放下身段，去傾聽孩子的聲音、接納孩子的建議，透過孩子的雙眼，去看見我們自己看不見的盲點。這也是擴大開放自我的領域，藉此拉近彼此間的距離，建立良好親子關係的一種方式。

隱藏我：我知道，但別人不知道的我

一對男女初次見面時，他們只知道對方的學歷、工作、住哪裡等基本資料，除此之外，他們對對方一無所知。某次見面後，他們聊了起來：

「我很喜歡吃韓國傳統料理，因為我從小在美國長大，每次只要媽媽來美國找我時，就會煮牛骨湯和泡菜飯給我吃，到現在回想起來都覺得很幸福。所以只要我一有機會回到韓國，就會想吃牛骨湯和泡菜飯，即使到現在也是一樣。」

「原來如此，我倒是從來沒去過美國，每次看到電影中出現紐約的場景時，就會想說將來有機會一定要去美國走走，也想去紐約中央公園散步，很想多了解一些關於美國的事。」

「好啊！那之後如果來美國玩，一定要來找我，我再帶你去玩。」

現在這兩個人是不是稍微對彼此更了解了一些呢？他們是怎麼做到的？因為他們跟對方說了關於自己的事情。在周哈里窗理論中，第三個象限就是：自己知道，但別人卻不知道的部分，稱之為「隱藏我」（HIDDEN AREA）。即使是在很親密的關係中，如果對方沒有透露更多關於自己的事，當對方做了出乎我們意料的反應或舉動時，我們甚至會覺得對方很陌生。這部分在親子關係中也是一樣的，**我們總是希望，很多事就算不說對方也能理解，卻往往事與願違，反而引起更多衝突和誤會，甚至讓關係變得更糟糕**。

過去的我，也曾經因為像這樣自以為是，導致和很在乎的人關係決裂。事後回想起來，會有這樣的結果，最大的原因是，當我在別人面前袒露自己時，會讓我感到自卑，甚至會覺得害怕。或許是從小在不健全的家庭環境中長大，我會擔心如果跟別人說這些，對方會不會瞧不起我？久而久之，變得不習慣跟別人說內心話。然而，**其實每個人心中都是渴望被別人看見的**。直到後來，我開始學習溝通，在對話練習的過程中，發現學員們很多時候（其實幾乎是每次），都願意也樂於和別人分享關於自己的故事。只要能放下心中的擔憂、恐懼，不在乎別人怎麼看、怎麼想，就能夠坦然透過更多的自我揭露，讓別人看到隱藏的自我。

未知我：我不知道，別人也不知道的我

每個人都有屬於自己的潛意識儲藏庫，帶著潛意識來到這世上。**在周哈里窗理論中所提到的，自己不知道、別人也不知道的「未知我」**（**UNKNOWN AREA**），**有可能指的就是人類潛意識的部分**。在與人相處時，其實只要能運用前面所說的三個領域，即使不觸碰到潛意識未知我這部分，也足以拓展增進人際關係。不過，在這部分我們所要知道的是，我們並非所想像的那麼了解自己，每個人都還有一部分未知的自我領域，是連自己都沒有意識到，等待我們去

開發探索的。

我經常在想：我到底有多了解自己呢？我是否能夠全然地接納包容我所認識的自己？是否能真誠坦然地向他人袒露自己？在通往彼此互相了解的這條路上，過程中需要進行多少次的溝通對話？需要鼓起多大的勇氣？又需要學會多少溝通技巧才能做得到？

我想，只要我們可以真誠地開放自己，和別人一起互相分享學習，這是真的有可能實現的。有了孩子之後，練習擴大「開放自我」這塊領域，似乎也是一條必經的學習之路。

和我一起主持電台節目的搭檔金泰恩，曾說過這樣的話。她說其實擴大「開放自我」，就好像是參加一場跨欄競賽，透過不斷地練習、訓練，一次又一次跨過一道又一道的關卡，穿越一層又一層的障礙，打破過往的限制，在關係中學會包容同理、接納彼此。獨自一個人走在這條路上，或許會很累、很苦，但假如我們都願意一起踏上這條路，理想的終點就在不遠處。

自我對話練習

想想看，妳身邊最了解妳的人是誰？妳最在意的人是誰？透過以下的問題練習擴大彼此間的開放領域。作答完後，好好聊一聊，看彼此對這五個問題有什麼樣的想法和意見？或許能讓你們之間的關係更靠近喔！

1. 他是否知道自己喜歡什麼？（自己的隱藏我）
2. 妳是否知道他喜歡什麼？（對方的隱藏我）
3. 為了避免做出對方討厭的事情，你們各自做了什麼？（彼此的隱藏我）
4. 他對妳提出不同的意見時，妳是否能理解接納？（自己的盲目我）
5. 在他面前，妳是否能真誠地開放自己？（自己的隱藏我）

04

妳的童年是否曾被父母傷害過？

修復原生家庭帶來的心理創傷

我在演講和進行諮商的過程中，有機會遇到各式各樣，如：牧師、醫生、法官、學生、教授等來自不同職業背景的人。雖然每個人的背景不同，但當他們在進行對話練習時，都同樣有一些不想面對的回憶，需要好好清理。更出乎我意料之外的是，當中有很多人都曾經活在家庭傷害的陰影下，他們無法擺脫父母帶給自己的傷害，將痛苦的回憶深埋在心底。每個人都有原生家庭，如果我們不願意面對，沒有好好修復在原生家庭裡所受到的傷痛，當長大後，為人父母時，會變得混亂而不知所措，甚至可能會讓我們變成自己最不想成為的父母。

越是逃避抗拒，越無法解決問題

當我開始進行諮商輔導相關工作時，發現很多人的問題，源自於兒時遭受虐待的陰影。每次聽到這些事，我的內心都很痛苦，同時也感覺自己身上背負了更強大的責任感和使命。身為母親的妳，如果也跟我一樣，外表看起來像是在幸福的家庭中長大，但小時候卻曾經遭受父母虐待，那麼，請妳務必要細細讀完以下這段文字。

在節目中或是演講時，我曾經多次分享過關於我個人的兒時經驗。我很小的時候，父母就離婚了。父母離異後，年幼的我成了父親的出氣包，常常無緣無故被父親毒打，可以說是從小被打到大的。坦白說，因為我父親還在世，要將過往這段不堪的回憶公諸於世，其實需要很大的勇氣，但在我心裡清楚明白，我會繼續這麼做。

讀小學時，父親經常打我，而且常常是沒來由地就毒打我一頓。有一天，我又被父親打到不成人形，受不了的我，從家裡逃了出來，用公共電話打給媽媽，但媽媽卻說她沒辦法過來找我，要我趕快回家，然後就掛掉電話了。

我永遠記得，當時的我拖著沉重的步伐，心中充滿了憤怒和絕望。從那之後，我深信這世界上沒有任何人值得信賴，我就這樣抱著扭曲的信念長大。

小時候，因為父母離異再加上媽媽不在身邊，我時常感到焦慮不安。那時候，我常半夜睡到一半不小心尿床，起來後就會被爸爸狠狠痛打一頓。但再怎樣都不應該因為尿床而打小孩，更正確地來說，無論是在任何情況下，都不能、也不應該痛打孩子。

當時，父親不但沒有察覺到我的不安，安撫我因為父母離異造成的心靈創傷，反而還常常打我出氣。後來，父親再婚，情況依舊沒有好轉。每當我又被打時，繼母總在一旁冷眼旁觀，甚至默許縱容父親的暴力行徑。

我心裡很明白，當他們兩位看到書上這段描述時，一定會感到難過，甚至極力想否認。但無法抹滅的是，他們的確是兒童家暴的加害者。這段被家暴的痛苦經歷，過去十幾年來，一直是我心中的陰影，我之所以把這段經歷寫下來，並不是為了要指責我的父母。相反的，是希望能夠透過這段文字跟他們和解。因為當我越是抗拒，越是不想面對過去所受到的傷害，反而會讓我心裡更加憎恨、討厭他們。**我相信勇敢面對傷害，就能出現療癒的力量。我知道，當我願意把從父母那受到的傷害真誠地說出來時，透過這樣的方式，最終我也能有機會去理解當時他們的處境和心情。**

在為他人諮商的過程中，我發現很多人會刻意隱藏兒時所經歷的痛苦回憶，那是因為他們害怕重新回想起那些不堪，同時也因為內心的恐懼，所以會假裝堅強或是變得更脆弱。我了解這個過程有多痛苦，所以我並不是要強迫大家去面對過去的傷痛，或是揭開不想觸碰的傷疤。而是，試著偶爾先在心裡問問自己：「當你現在想起那件事時，還會覺得很痛苦嗎？」賦予那段傷痛有值得重新回顧的價值，那樣就夠了。

逃避兒時的痛苦回憶，成為父母後將會反撲

過去的我，總是習慣逃避兒時的這些痛苦，在別人面前，會刻意假裝自己家庭幸福美滿。然而，當這樣的我長大，也為人父母後，卻讓我傷害了我最不願意傷害的寶貝兒子。那時的我時常控制不了情緒，在孩子面前說一套做一套，對需要在依附關係中尋求安全感的孩子來說，很難理解大人情緒上的矛盾。

「這孩子真的是該打！」

像這樣把「打孩子」這件事合理化的言語是從哪裡學來的呢？可能是因為自己小時候被父母打時，父母經常說這句話，因此無意識地儲存到腦海中。等到自己也當了父母後，當孩子做錯事情時，就會認為孩子做了「該打」的事。

身為父母的我們，必須要去思考，到底該用溫柔堅定還是用威脅恐嚇的語言來和孩子溝通？令人驚訝的是，很多虐待孩子的父母，通常都不認為自己的行為或言語對孩子來說是種虐待。因為誰都不想背負著罪惡感，所以自然地將自己的行為合理化。

然而，用暴力方式管教孩子，只要開始了第一次，就會有第二次，久了就會變成一種習慣。一開始可能只是輕輕打，到後來就會越打越大力。無論是打人的，或是被打的，都容易產生暴力傾向。因此，必須要徹底杜絕家庭暴力才行。

那麼，要怎麼做才能終止家暴？**首先，受害者必須要誠實面對家暴所帶來的傷痛，並且要勇敢地站出來譴責暴力。不管在任何情況下，任何人都不應該受到暴力對待，任何形式的暴力也不該被允許。**如果小時候在家暴的陰影下長大，經歷過難以承受的痛苦，都需要好好重新面對這份悲傷，為過去哀悼。

幾年前，我曾在育幼院當義工，針對老師和未來即將領養院童的父母，進行為期一年的輔導教育。有一年冬天，育幼院舉辦了一場音樂會，院童們站在舞台上合唱。我看著舞台上小小的他們，突然間，忍不住悲從中來痛哭失聲。站在舞台上的他們，穿得整整齊齊漂漂亮亮，唱著優美的歌，但在我內心卻浮現，一個穿著破破爛爛衣服的孩子，孤伶伶地站在舞台上的畫面，那個小孩彷彿就是小時候的我。

那時我才發現，原來自己內心深處還無法真正放下過往的傷痛，於是，我在心裡召喚了小時候的自己。

「來！沒關係，過來我這裡吧！」

我告訴她現在的我已經長大了，安慰她一切都過去了、沒事了，並且給了她一個大大的擁抱。我還告訴她，我現在也在幫助那些過去曾跟她一樣，渴望被愛卻得不到愛的孩子，讓孩子們能夠重新好好被愛擁抱。每個人來到這世上，都是渴望被愛，也擁有被愛的資格。而我之所以會忍不住悲從中來，是因為想起了那個小時候渴望被愛，卻得不到愛的自己。

然而，令人難過的是，被虐待的孩子們，心裡頭即便渴望被愛，但卻很容易誤以為自己沒有被愛的資格。雖然我們無法選擇父母，但無論是誰，每一個人都是值得被愛的，都是因為愛才會來到這世上，不管是身為父母的我們，還是孩子，都需要明白這一點。過去在成長過程中，曾經遭遇受虐經驗的父母，都務必要清楚知道：被虐待並不是我們的錯，錯誤的是父母、老師或監護人他們的教養方式，這一點請務必要銘記在心。

雖然我們無法選擇父母，
但無論是你還是孩子都要知道，
每個人生來都是值得被愛的，
都是因為愛，才會來到這個世上。

用愛陪伴孩子成長

「你希望孩子長大後，成為一個什麼樣的人呢？」相信大部分的父母，答案大都是，「希望孩子長大後能成為一個溫暖有愛、懂得付出、回饋社會、具有領導能力的人。」

如果希望孩子長大後成為這樣的人，孩子在成長過程中所需要的養分就是滿滿的愛。孩子就像海綿一樣，當我們用愛陪伴，他所學到的就是愛，但當我們用暴力以待，他所學到的就會是暴力。父母必須要認知到，有時候無意間說出的話語或做出的行為，其實跟過往父母曾加諸在我們身上的是一樣的，對孩子來說都是虐待，只在程度上的差別而已，我們必須要承認這一點才行。事實上，百分之八十的兒童家庭暴力案件，施虐者都是孩子的親生父母。惟有誠實面對，承認自己在某種程度上曾用過不當的言語或行為，對孩子造成傷害，才有可能減少暴力管教，最後家暴才有機會消失。**如果只是一味地認為：「才沒有那麼嚴重吧！」依然把自己管教孩子的行為合理化，就很難有所改變。**

孩子會從和父母的關係中學會很多事情，無論是在社會上人際的相處，或是與朋友的關係，都是從原生家庭學習而來的。在這個過程中，並不是一定要有爸爸或媽媽陪伴才行，不管是雙親家庭、單親家庭，又或者是隔代教養家庭，其實都是一樣，沒有哪一種成長環境才是對孩子最好的，愛才是一切問題的答案。最重要的是要讓孩子在與主要照顧者的依附關係中，感受到滿滿的愛，讓孩子有「原來這就是被愛」的感受。

暴力絕對不是表達愛的方式，它不會在孩子的心裡長出花朵，反而是種下了有毒的種子，當種子發芽後，會影響孩子日後的親密關係，甚至會讓孩子的未來蒙上陰影。孩童時期曾經遭遇家暴的父母們，一定更能感受到，家庭暴力對孩子心裡造成的恐懼有多大。想想當時的我們，心情如何呢？聽著大人嘴裡說出那些恐嚇威脅的話，心裡有多麼害怕？

不要忘了當時的委屈和恐懼，才能想起我們希望長大後成為什麼樣的父母？也才能以不同的方式來對待孩子。孩子的童年只有一次。曾經活在家暴陰影下長大的父母們，比任何人都還要清楚如何撫慰這些孩子的心靈，我們必須成為，心目中想要成為的溫柔慈愛的父母。

正在閱讀這本書的所有媽媽們，如果妳也曾遭遇過這樣的不幸，我希望妳能夠好好療癒自己，撫平小時候所受到的傷痛。**更重要的是，妳要相信自己，絕對擁有能修復傷痛的能力，用愛化解一切的傷痛，才能把過去的傷痕，當作是人生中的一段故事。愛永遠不嫌晚，就算是現在才開始也不遲。親愛的媽媽們，妳們辛苦了！我會一直在這裡為妳加油！**

自我對話練習

你希望父母用什麼樣的方式來愛你呢？寫下小時候你希望父母愛你的方式，從當中至少選出一項，好好透過這樣的方式來愛自己吧！

- 當我遇到挫折時，能以同理心陪伴安慰著我。
- 當我有著負面情緒時，能允許接納，並無條件支持我。

05 妳也想當一個不生氣的好媽媽嗎？

理解憤怒背後所隱藏的情感

當我們成為母親之後，有時會意外地看見自己糟糕的樣子；有時會訝異於自己怎麼會變得那麼勇敢？甚至有時會驚覺，原來自己並不是心中所想的那種人。這些意外的發現，伴隨而來的各種情感，可能會讓我們和孩子的距離更靠近，但也可能會讓我們離孩子越來越遠。

憤怒，是一種會把我們擊垮的情緒

身為母親的我們，偶爾會被各種突如其來的情緒擊垮，其中一種就是憤怒。即使我們再怎麼生氣，氣到心裡覺得：「跟這種人說再多也沒有用！」也絕對不能放棄用對話來溝通。當我們在生氣時，一股腦地宣洩完怒氣後，會產生愧疚感。萬一當關係因爭吵而變得疏離，恐懼、不安、自責、難過等各種情緒就會排山倒海的在心裡蔓延開來，甚至會覺得丟臉、自卑。

開始溝通→生氣→愧疚感→擔心害怕關係變得疏離→自責、難過→丟臉、自卑

其實，有這些情緒並不是件壞事，越是刻意想要逃離情緒，反而只會讓自己覺得更痛苦而已。很多人為了壓抑、逃避負面情緒，會去做一些事情來讓自己暫時遺忘，如：喝酒、購物，或是沉迷連續劇，甚至暴飲暴食。當出現這樣異常的行為時，要去了解到底是哪裡出了問題，去找到問題背後真正的原因。

憤怒，真的控制不了嗎？

一般人生氣的時候，經常會說出以下的話：

「我生氣還不都是因為你！都是你！都是你害的！」

「本來就是你自己要看著辦！」

「要不是因為你惹毛我，我會這麼生氣嗎？」

試著回想過去你曾經發脾氣的經驗，惹你生氣的人是誰？當時的情況如何？你和他的之間誰在關係中更佔上風？若是佔上風的那一方，發完脾氣後的感覺如何？若是比較劣勢的那方，情況又是如何？若對方是你害怕的人，又是怎樣的感受？

我常常看到很多媽媽，單獨和孩子在一起，跟有其他人在場時，即便是發生同樣的事，也會有截然不同的反應。當我和那些說控制不了情緒，經常對孩子發脾氣的媽媽們進行對話練習時，談到這件事，她們都對此表示認同。**在人多的地方會比較容易控制情緒，但當和孩子單獨相處時，卻變得比較容易發脾氣**。其實問題的關鍵在於，越覺得自己控制不了情緒，就會變得更容易發脾氣。如果對方的權力地位比你大，又或者是很多人在場的情況下，相對來說，比較能夠忍住不生氣；但如果對象是比較好欺負的，同時又在安全的場所下，反而會變得不想要再繼續忍耐，這也是為什麼我們容易對家人發脾氣的原因。

生氣時，在心裡面會認為：

「是你惹我生氣的，是你把我搞瘋的，是你無視我的存在！」

然而，當思考模式有所轉換後，說出來的話和行為也會大不相同。

「我生氣了，真的很生氣，現在我的情緒很憤怒。」

這二種都是在處於憤怒情緒下出現的想法，但表達的方式卻有很大的差別。**第一種想法是讓自己陷在憤怒的情緒當中，並且把生氣的原因歸咎到他人身上；而第二種則是讓自己和憤怒的情緒分離，告訴自己，我只是現在這個當下感到憤怒而已，但這個情緒本身並不代表我**。站在客觀的角度，去察覺自己身體裡面的某個地方，有著憤怒的情緒。要如何才可以做到呢？透過以下的案例，應該就能略知一二。

我站在玄關罵了孩子一頓。因為他老是忘東忘西，讓我很生氣。今天出門他又忘了帶東西，要是他仔細一點，我也不至於會發脾氣，這已經不是一兩次的事情了，我能不生氣嗎？我忍不住拉高音量大聲對孩子說：「你不要又忘了帶東西！」

接著我打開門催促孩子快點出門，正巧遇見隔壁鄰居太太，她朝我點頭致意，我不自覺露出微笑和她打招呼，同時用溫柔的語氣跟孩子說再見。當我關上門後，突然對老師在上溝通學課程時所說的話有所領悟。

沒錯！我其實是可以控管好情緒不生氣的，只是我不想這麼做而已。只要我願意相信自己擁有控管情緒的能力，也願意這麼做的時候，就可以做到不生氣。那天，孩子從學校回來後，我向孩子道了歉。每次發完脾氣後，其實都會覺得很後悔，也不想要同樣的事情一再發生，不希望自己又陷入了情緒迴圈裡，但卻沒有自信可以做到。

憤怒情緒的三種訊號

要如何才能夠控制憤怒的情緒呢？關鍵在於是否能夠察覺自己情緒的變化並做出不同的選擇。

試想，當妳正在罵孩子的時候，正好老師打電話來。明明剛剛還大發雷霆，但一看到來電顯示後，是不是立刻就能轉變成溫和的語氣接起電話呢？如果老師在電話裡，對孩子讚美有加，掛上電話後，你對孩子的態度又會變得如何呢？萬一老師打電話是因為對孩子有些擔心或不滿意的地方，掛上電話後情況又會是怎樣？你的態度會跟接電話之前一樣嗎？

我們在接電話之前，可能會覺得自己無法控制憤怒的情緒。但如果聽到老師對孩子讚譽有加，自然就會怒氣全消，這是任誰都無法否認的事實。明明一開始覺得自己滿腔的怒火難以抑制，但掛上電話後，卻能夠轉換情緒不生氣。由此可知，其實我們每個人都可以透過轉念的方式，來讓憤怒的情緒消退。

「我沒辦法忍住不生氣！」當我們心裡這麼想的時候，其實是因為不想再繼續忍耐了。但事實上，能不能忍耐根本不是問題所在，真正的重點是要學會轉換憤怒的情緒。要用愛來化解怒火，而不是忍耐，不然光是靠壓抑忍著不生氣，會讓自己憋出病來。要記得，我們是有能力可以掌控情緒的，不要讓憤怒的情緒牽著鼻子走。

下面是憤怒情緒的三種訊號，當出現這些訊號時，要好好察覺自己情緒的變化。

1. 當心裡認為一切都是對方的錯。

2. 當心裡面很想要達成某件事，卻覺得無法如願時。

3. 經常說出讓自己後悔的話，或是做出後悔的事。

不久前，電視新聞曾報導一位住在仁川的單親媽媽，因為離婚後情緒不穩定，於是拿孩子出氣，把滾燙的熱水淋在孩子身上，造成孩子二度燒燙傷。當心裡面認為一切都是別人的錯，然後越想越生氣時，很容易就會被怒氣沖昏頭，而在一時衝動下做出無法挽回的事情。因此，所有人都一定要學會和憤怒的情緒共處，當生氣時要先好好安撫自己的心，好好照顧自己、愛自己。唯有如此，才有可能選擇用另一個角度來看待事情，轉化憤怒的情緒。

理解憤怒情緒背後所隱藏的情感

要如何才能和憤怒的情緒和平共處呢？其中一種做法就是，放下「應該要」、「必須要」的想法。身為母親的我們，都需要對自己好一點，對自己寬容一點。

「媽媽應該要親自下廚煮飯。」

「家裡好亂必須要好好整理。」

「吵架是一件不好的事。」

當我們對自己越嚴苛，就越容易拿同樣的高標準來評斷他人。偶爾太累不想煮飯，買外食回來吃也沒關係，並不是什麼天塌下來的大事，沒必要對自己這麼苛刻。當我們學會善待自己、對自己寬容一些，自然也能包容孩子，也比較不會動不動就發脾氣。孩子就跟小時候的我們一樣，在跌跌撞撞中成長，也會不小心犯錯，從錯誤中學習經驗，是孩子成長的必經之路。

如果我們能放下過往那些苛刻的信念，稍微放過自己一些，就能放開心胸接納自己的情緒。其實，**有時候我們並不是真的生氣，憤怒的情緒背後還隱藏著其他情感**。

擔心孩子上學老是忘東忘西，會影響學校的課業學習；害怕孩子飲食不均衡，會影響身體健康；有時生氣是因為心裡面有遺憾，或是因為太累想休息，希望孩子能夠安靜一些。憤怒情緒的背後，其實隱藏了很多細膩且真實的情感。它們可能是遺憾、委屈、難過、擔心、失望、無能為力、疲憊、恐懼等等。生氣的原因並不是因為對方，而是在那個當下心裡面想要的無法獲得滿足，而感到沮喪挫敗。因此，**當你感到生氣時，並不是一味壓抑，或是遷怒到別人身上，而是要靜下心來，好好察覺憤怒情緒的背後所隱藏的情感是什麼？是什麼讓自己感到難過？試著好好理解察覺自己的情緒**。

當孩子太吵忍不住生氣大聲罵孩子，其實是因為自己太累了，很想好好休息，希望孩子能夠稍微安靜一點。這時候，不妨對孩子說出內心真實的想法，告訴孩子，媽媽很累想稍微休息一下，能不能幫媽媽一個忙？就算只有十分鐘也好，讓媽媽睡一會兒。相信當妳這麼說的時候，孩子也會很樂意幫忙。

憤怒後的愧疚感

每當我聽到媽媽們的「告解」時，腦海中也會浮現過去自己對兒子說的過分的話和行為，強烈的愧疚感，常令我感到痛苦不已。

我和前夫分居的那段時間裡，兒子經常睡到一半就突然大哭。孩子之所以會這樣，應該是因為缺乏安全感。但當時的我，其實心裡面也充滿了不安和焦慮，所以無法好好同理孩子。那時候孩子睡到一半醒來大哭時，我就會莫名的憤怒，對孩子大吼：「你可不可以不要再哭了？都是因為你，我都沒辦法好好睡覺！」

每當回想起這件事，我都很希望能夠回到過去，如果能夠回到那個時候，我希望自己會是一個「有智慧」的媽媽，能夠理解孩子的不安，好好地安撫孩子，而不是對孩子發脾氣。但時間不允許重來，我曾因此陷入無法自拔的愧疚。

因責任心形成的愧疚感

愧疚感有二種類型，第一種是因責任心形成的愧疚感。

當走在路上不小心撞到人，害對方跌倒時，我們會怎麼做呢？一般來說，一定會立刻把人扶起來，接著說：「沒事吧？不好意思，不小心撞到你害你跌倒了，對不起！」如果這個時候，對方生氣地回說：「為什麼走路不看路？找死嗎？下次小心點！」此時，你不會再深陷自責，但心裡一定會覺得這個人也太不可理喻了吧？甚至會想跟對方理論。

當我們做錯事情，造成別人的傷害時，會認為自己該要負起責任。當孩子在學校打人時，雖然明明不是我們做的，但還是會代替孩子向被打的同學及家長道歉。因為我們會覺得不好意思，覺得我們身為家長也需要負起責任，同時也會擔心影響到孩子的交友關係。像這樣的愧疚感，是一種基本的道德良知，這是人類存活在世上必須要擁有的特質。

自虐型愧疚感

愧疚感的第二種類型是，讓自己痛苦且對關係沒有幫助的自虐型愧疚感。

我們經常會拿過去的事譴責自己，讓自己陷入無法自拔的愧疚感中。包含我自己在內，很多媽媽都有像這樣自責的傾向，在心中產生自虐型的愧疚感。

「對不起，我錯了！都是我不好，都是我的錯！」

就算對方明明說了沒關係，第二天還是一樣充滿愧疚，不停向對方道歉：「對不起！我好像真的錯了，我為什麼會變成這樣？」整個人陷入自責的泥沼中無法自拔，這麼做不僅對自己沒有幫助，和對方的關係也不會因此提升，只是在折磨自己罷了。

我也曾經有過這種經驗。兒子五歲大的時候，我在筆電上無意間發現了隨身型錄音筆錄下的音檔。那時，是我人生中最黑暗的時期，所以一直很猶豫到底要不要打開來聽。猶豫了好一會兒，打開檔案後，發現裡頭錄的是我和兒子的對話。

「我媽咪是朴在然，我的名字是金○○，我家媽咪最漂亮了！」

一聽到兒子稚嫩的聲音，我瞬間熱淚盈眶，立刻關上檔案，無法再繼續聽下去。為什麼兒子的聲音這麼可愛，我卻一點都不想聽呢？仔細思考後，我想是我不想再回憶那段痛苦的過去。那時，我因為身心俱疲，無法顧慮兒子的心情，動不動就對他發脾氣，心裡面覺得太對不起他了，所以一點都不想再回想起那段痛苦的回憶。其實我並沒有那麼糟糕，但我卻把所有的錯都攬在自己身上，覺得自己一無是處。

直到後來我才明白，我之所以會有那麼強烈的愧疚感，是因為我覺得自己當媽媽當得很失敗，我不夠資格成為孩子的母親。那強大的愧疚感將我吞噬，甚至遺忘了那些曾經幸福開心的回憶，就連錄音筆裡面記錄下來的那段珍貴回憶，也不願意再想起。

在進行對話練習的過程時，我經常聽到很多媽媽說「我不想再回想過去自己犯下的錯誤。」又或是「覺得太對不起孩子了，心裡很痛苦。」她們刻意壓抑那些想法，只願意看自己好的一面。

其實，會有這樣的反應，是因為害怕產生「自我厭惡感」，擔心如果連自己都討厭自己該怎麼辦？會覺得自己好像很糟糕，是一個很失敗的母親，所以才不願意回想。

用智慧面對愧疚感

人活在這世上，多少都會對某些人感到抱歉，尤其是身為母親的我們，是不是常常覺得對不起孩子？我想，天底下的媽媽都有過這樣的想法吧？

打從懷孕的那一刻開始，就想著要把世界上最好的一切，毫無保留地都給最親愛的孩子。然而，可能是經濟條件上的限制，或個性上也還有很多毛病缺點，總是覺得自己為孩子做得還不夠多，常讓孩子看到自己不成熟的一面，所以在心裡會對孩子充滿了愧疚感。會有這樣的愧疚感，是因為我們真的很愛孩子，打從心底想要把最好的都留給孩子。母親的愧疚感，可以說是最美麗、最富有的情感了。

要如何才能擺脫愧疚感呢？首先，必須先跳脫出自虐型愧疚感的框架，把這樣的愧疚感轉換成責任感。不是光覺得對不起而已，而是認真思考該怎麼做才是真正為孩子好？同時仔細思考自己是何種類型的愧疚感，否則只是盲目的自責，對彼此的關係和溝通完全沒有幫助。

這世界上沒有完美的父母。與其千方百計努力成為一個完美的好爸媽，倒不如盡力就好，不完美也很好，不是嗎？

自我對話練習

請對自己說出以下句子：

1. 當生氣的時候，請對自己說：

「我想要的事情無法達成，所以心裡覺得很不舒服。」

2. 當覺得愧疚的時候，請對自己說：

「會有這樣的感受，是因為我很愛孩子，想對孩子更好一點。」

透過像這樣自我對話的方式，給自己一段時間沉澱，讓自己去察覺憤怒、愧疚等情緒背後所要傳達的訊息。

MOTHER'S DIARY

無法承受的情緒重量

我經常崩壞。

在我最愛的孩子面前崩壞，
崩壞到我無法以我想要的樣子，
坦蕩蕩地站在孩子面前。

有時我甚至比孩子更像孩子，
有時我會像個怪物失控抓狂，
某個瞬間，當一切事情糟到了極致，
我無法顧及孩子，

自顧自地陷入了無止盡的負面情緒裡，
等待事過境遷，回想起來，
我為此後悔不已。

我不知道該如何面對排山倒海的情緒，
當情緒來臨時，我不知道該如何處理，
我看不到情緒，也無法處理情緒，
只能被情緒牽著鼻子走，盲目地生活。

我含著眼淚望著蔚藍的天空，是它告訴我的嗎？
我看著孩子對我露出的純真笑容，是它告訴我的嗎？
我聽著懷裡孩子沉睡的呼吸聲，是它告訴我的嗎？

是他們讓我明白，

原來我所有的情緒，
只是我活著的證據而已。

有時難過，
有時不滿，
有時生氣，
正因為我是活生生的人，
所以很自然地有著這些情緒，
我決定接受我就是現在這個樣子。

那些過去説過的話，
那些曾經撕裂我的傷痛，
在那一刻，我似乎知道原因了。

因為孩子沒由來地大哭大鬧，
一直哄也哄不停，心裡面很煩躁，
我身心俱疲。

那些過去我以為我無法承受的情緒，
其實只不過是生命中的過客，
就像風一樣的不速之客，
來了又走了。

現在，我總算懂了，
那陣風，也一樣在孩子的心裡，來了又走了。

06 透過內在對話和孩子更親密

當我們放下過去的傷痛，接納自己現在的樣子，認清自己的限制和缺點時，變得如何呢？很多時候，當我們願意勇敢面對過去的傷痛，讓痛苦找到出口，傷痛也就自然而然的被療癒了，同時也有機會再重新點燃心中的熱情和動力。雖然這並不是種會讓人充滿喜悅的感受，有時候甚至還會伴隨著沉重的複雜心情，但卻能讓人感到踏實和安心。

越是緊抓著無法改變的事實不放，越是加深自己的痛苦。如果我們一直想要改變對方，希望對方能變成我們心目中的樣子，那麼同時我們也會陷入不可自拔的痛苦裡。

那麼，該怎麼做才好呢？我們只要盡自己所能去做就好。首先我們要改變自己，當身為媽媽的我們，願意開始做出改變，和孩子之間的關係也會有所改善。

某次，在親子溝通學課堂上，有一位母親哭了好一陣子後，深深嘆了口氣說：「我現在該怎麼做，才能重新和孩子建立良好的親子關係呢？該怎麼做才能彌補孩子所受的傷害？如果我願意從現在開始改變，真的能夠像從前一樣，和孩子感情那麼要好嗎？孩子會喜歡我嗎？我記得小時候他說自己最喜歡的人就是媽媽了。」

正在閱讀本書的妳，如果可以，我想請妳先暫時闔上書本，閉上眼睛深呼吸，拋開腦海中一切的思緒，將注意力集中在呼吸上。

現在試著靜下心，跳脫主觀意識，從第三者旁觀的角度來察覺自己的體驗與感受，練習展開「心」的對話。

所謂「心」的對話，就是一場與內在自我的對話。透過靜心的方式，進入內在，和自己展開深刻的對談。藉由與內在的對話，讓自己無論是遇到開心或難過的事情，都能夠「有意識」的做出選擇。也能讓自己在「有意識」的狀態下，和對方開啟「外在對話」。先前章節中所提到腦海中浮現出的「反射思維」，那並不是真正的內在自我對話，只不過是一種習慣性的直覺反應而已，我把它稱之為「內心的ＯＳ小劇場」。

內心的ＯＳ小劇場

不久前，當我下班回到家時，看到十五歲的兒子躺在客廳沙發上，他連正眼都不看我一眼，只是敷衍地說：「媽，妳回來囉？」那口氣聽起來很隨便。

相反的，我們家小狗則是很熱情地搖著尾巴迎接我回家。就在那個時候，我的內心冒出了無數個「ＯＳ小劇場」。

- 就算是青春期，這態度也未免太過分了吧？
- 拜託！我又不是出去玩回來，我可是辛苦工作了一整天耶！回到家後兒子對媽媽居然是用這種態度？
- 我真是白養這個兒子了！
- 根本就沒把我放在眼裡！
- 沒關係，我們走著瞧！

當這些聲音盤旋在腦海中，而且越來越多時，身體肌肉會變得很緊繃，心跳也會跟著加速。在日常生活當中，像這樣的聲音總是會自動冒出來干擾我們的思緒，內心各種小劇場不斷上演後，很容易就演變成一齣又一齣的「悲劇」。因此，我們在和對方展開對話之前，首先要先靜下心，告別內心的小劇場，進入內在和自我對話。

透過內在對話改善外在溝通

我經常跟人這麼說：「所謂的溝通不只是對話而已，而是要透過對話來提升和對方的關係品質，當你越深入了解自己的內在，就越能與他人展開深刻的對話。」我們之所以常常溝通無效，甚至溝通到最後反而關係變得更糟，其原因就是內心小劇場在作祟。

來看看下面的例子吧！

媽媽剛從市場買菜回來，從房間門縫中看到兒子正坐在電腦前。看到這一幕後，媽媽心想：

「這傢伙又不念書了，整天只想玩遊戲！」

當媽媽內心這麼想之後，立刻打開兒子房門破口大罵：

「你為什麼又在玩遊戲？為什麼不好好讀書？還不給我馬上關掉電腦？真的是不好好盯住你不行！」

同樣的情況下，如果媽媽心裡的想法有所不同，對話又會如何呢？

媽媽心想：「兒子坐在電腦前不知道在做什麼？是在寫作業嗎？來問問他好了。」

媽媽打開兒子的房門並說：

「兒子，你坐在電腦前做什麼？作業都寫完了嗎？」

當內心的想法不同，展開的對話也會跟著不同，如果能夠有意識察覺內在的想法，開啟不一樣的對話，關係也會往不一樣的地方發展。

因此，我們必須要了解：

1. 對話會依據內心的想法判斷解讀，而有不同的呈現。
2. 當下無心說出口的話，會影響彼此之間的關係。

有助於改善關係的「對話練習」

不久前，我在網路社群上看到這麼一段話。

有間位在國外知名旅遊景點的咖啡店，觀光客們老是對店員頤指氣使，說話很不客氣，這讓咖啡店老闆傷透腦筋。因為這造成員工士氣低落，甚至還有人因此想離職。老闆想了很久，終於想出了一個方法。因為觀光客們不是老顧客，都是一次消費型的客人，於是他把價目表修改如下：

價目表

咖啡—500元

給我一杯咖啡—300元

您好！請給我一杯咖啡—100元

當觀光客們看到價目表後，自然明白了老闆的用意，於是和店員說話時，總會多加留意態度，店員們也因此心情變好，又重新找回工作的熱情。

同樣的，媽媽說話的方式，也會影響孩子的心情，孩子可能會因此覺得開心幸福，但也有可能會感到失落難過。因為我們的想法會決定說出口的話語，當心裡的想法有所不同時，說出口的話也會跟著不同。口說善言時，不只聽的人心裡開心，說出口的同時，我們也會感受到滿滿的喜悅。就像觀光客們看著價目表說：「您好！請給我一杯咖啡！」時，也一定能感受到話語裡面所蘊藏的善意。

和孩子說話時，先靜下心與內在對話，就能避免不小心說錯話，傷了孩子的心，孩子也會理解我們想傳遞給他的訊息。更重要的是，當我們越能用心傾聽內在的對話，越能溫柔而堅定的和孩子說話，此時內心的寧靜、喜悅也會伴隨而來，這也就是為什麼我們要好好學會練習與內在對話。

接下來要一起練習看看嗎？讓我們透過內在對話練習，展開全新的生活，也讓孩子能夠更健全地成長，過得更幸福快樂！

自我對話練習

練習與內在對話吧！每天寫下一件事情，察覺自己內在的聲音。

1. 當孩子不想寫作業時，你心裡怎麼想？寫下內心習慣出現的負面想法。

↓「現在就不想寫，長大後怎麼做事」、「是連媽媽的話都不聽了嗎」、「如果去學校被老師罵怎麼辦」。

2. 請一一寫下靜下心來後，內心浮現出來的正面想法。

↓「先聽聽看他為什麼不寫作業吧」、「我想他不想寫，一定有原因」、「需要好好和孩子聊一聊」、「我該怎麼幫他呢」。

仔細想想哪一種內在對話，會讓親子溝通變得更好呢？

07 維繫良好關係的對話法則

我們都知道「積極、正面」的想法，不僅有助於提升改善人際關係，同時也有益於心理的健康。然而，為什麼我們明明心裡很想和所愛的人相處融洽，卻又總是經常和他們發生衝突呢？尤其是面對孩子時，情況更是如此。每次讀完親子溝通技巧相關書籍，或是去上一些對話練習課程後，內心就會有所反省，察覺自己的溝通方式，可能會對孩子造成傷害，理解孩子內心其實也渴望獲得認同，試圖想做些改變。然而，某天莫名怒火一上來，又會忍不住對孩子大聲咆哮：「你這孩子，為什麼講不聽呢？到底要我講幾次？你給我過來！」一切前功盡棄。

在開始進行對話練習之前，我們應該要先了解什麼呢？

為親子關係帳戶儲蓄

一般人為了以備將來不時之需，會在銀行定期儲蓄。不管存多存少，看著存摺簿上日漸增加的數字，心裡總會有一股莫名的安心感。假如戶頭裡面有五百萬，就算臨時要提領五十萬出來急用，心裡也不會感到不安。因為帳戶裡還有錢，而且之後也還是會繼續存錢。因此，帳戶裡是否還有餘額很重要，只要還有一定的存款，就不至於面臨危機。在親子關係中也是一樣的，要想維持良好的親子關係，平時就要經常為親子關係帳戶儲蓄。

五比一黃金對話法則

《超級談判術：哈佛最受歡迎的談判心理課》（*Beyond Reason: Using Emotions as You Negotiate*）作者丹尼爾．夏皮羅（Daniel Shapiro），同時也是哈佛大學心理研究所所長曾說：「溝通時若能確切掌握對方的核心觀點，人際關係將無往不利。」我認為這句話套用在親子關係上，是再適合不過了。

丹尼爾．夏皮羅曾經進行一項實驗，他把相愛的家人和情侶各自帶到不同的房間，接著再請他們分享最近與家人或另一半起衝突的過程，各個房間裡都有一名觀察紀錄者，將他們所說的話一一記錄下來。這項實驗只花費幾分鐘的時間，根據分析這幾分鐘的紀錄，來預測這些人他們在三年後、五年後，甚至是十年後，彼此間的關係狀況會是如何？結果，預測準確度居然高達百分之九十以上。有些人即使過了十年後，依舊和另一半相處融洽，擁有良好的關係，有些人的關係早已破裂。

他們的差別在於彼此間對話溝通的方式。

丹尼爾．夏皮羅問：「有沒有人從來沒有跟對方吵架或是鬥嘴的呢？」參加這項實驗的所有人，都曾有過和對方吵架或是鬥嘴的經驗。然而，在爭吵的過程中，有一些情侶的方式是，說了一句正面的話肯定對方後，就會接著說一句負面的話來批評攻擊對方，像這樣一比一肯定批評各半的對話模式，通常最終都以分手收場。但也有一些情侶們，就算和對方吵架，也能持續維持情侶關係，仔細研究他們所採用的對話模式，發現他們並不是肯定批評各半的對話模式，而是運用了五比一黃金對話法則，也就是五句正面肯定語句當中，只有一句是負面否定語句。

丹尼爾．夏皮羅認為每一個人都有內心非常重視的事情，「獲得認同」就是其中之一，因為我們每一個人內心都渴望自己能被肯定、被認同。而五比一黃金對話法則的重點就是給予對方認同。**當肯定對方的話和否定批評對方的話，能達到五比一的比例，關係自然就會有好的結果。**

如果能夠運用這樣的對話法則和孩子溝通，對於提升親子關係也是很有幫助的。對孩子說越多正面肯定的話，就是在為親子關係帳戶儲蓄。身為父母的我們，難免有時會因為不夠成熟或過於心急，而忘了去同理孩子的感受，給予孩子認同鼓勵，甚至有時還會忍不住生氣。我這麼說，並不是要把父母對孩子發脾氣這件事情合理化，而是希望身為父母的我們能夠明白，我們偶爾也會對孩子犯錯，要學會坦然接納自己的錯誤，以寬容的心善待自己。

千萬別一昧地在心裡面懊惱：「我居然對孩子說了不該說的話，學了那麼多溝通技巧都是白學了，看來還是放棄好了！」而是去理解自己，其實心裡面還想要努力做到更好，但只是一時做不到而已。要對自己信心喊話，鼓勵自己再繼續努力，真心去欣賞孩子，放大孩子的優點，當孩子遇到挫折或煩惱時，能夠陪在孩子身邊同理他的感受，用心聆聽孩子的聲音，並給予支持協助，這就是為親子關係帳戶儲蓄的方式。

善用對話法則，青春期也不怕

我兒子有一個朋友，他有一位大他六歲的哥哥，哥哥讀國中二年級時進入青春期。這孩子從小看到人都會熱情地打招呼，也很會和媽媽撒嬌，和媽媽有很多自然的親密互動。爸爸也是一位好相處的人，他們家的孩子跟爸爸一樣，待人十分親切，個性也體貼。當我第一次看到這孩子青春期的叛逆行徑時，因為和過往的他落差太大，著實令我大吃一驚，當然比我更感到震撼的人，其實是他的媽媽。幸好他們安然無事地度過了青春期的風暴，現在那個孩子已經上大學了，跟爸媽依舊感情融洽，雖然他媽媽偶爾還是會對孩子說一些負面的話，但卻一點都不影響他們之間的親子關係，因為平時充滿愛的親密互動，早已為彼此建立了良好的信任基礎。

那位媽媽和兒子的互動，運用的就是五比一的黃金對話法則。當她對兒子說出認同肯定的話時，是直截了當的。「對！你說的沒錯」、「站你的立場來看，的確有可能會這樣」、「媽媽可以理解你所說的話」……透過這樣的對話方式和孩子溝通，並同時給予孩子擁抱、拍拍孩子的肩膀。

父母們要特別注意的一點是，在說完五句認同肯定孩子的話語後，不要又加上「但是、可是」。

「謝謝你告訴我，媽媽可以理解你的心情，但你這樣未免也太過分了吧！」

不要用這樣的方式跟孩子對話。

「我知道這對你來說不容易，謝謝你願意這麼做」、「謝謝你告訴我，媽媽可以理解你的心情」只要像這樣說完認同肯定的話就好。

如果我們能夠像這樣，時常給予孩子肯定鼓勵，即使偶爾和孩子鬧彆扭，也能很快就和好。

麥拉賓法則：一致性的重要性

美國心理學家艾伯特・麥拉賓（Albert・Mehrabian）曾提出一套溝通學理論，稱之為麥拉賓溝通法則（The Law of Mehrabian）。**這套理論指出人與人溝通時，根據語言（談話內容）得到的訊息占百分之七，從聽覺（語調、聲音大小）得到的訊息占百分之三十八，透過視覺（肢體語言、表情、手勢）得到的訊息占百分之五十五，因此他認為對溝通時，從聽覺、視覺得到的訊息更為重要。**

某天，孩子幼稚園下課回家，問正在洗碗的媽媽：「媽咪，妳愛我嗎？」

媽媽因為今天有很多事情要忙，一心只想要趕快洗完碗再去忙其他事，所以連看都沒看孩子一眼，一邊洗碗一邊回答：「當然愛啊！趕快去洗手吧！」

媽媽覺得孩子問了很無聊的問題，媽媽當然愛她啊！但孩子心裡卻覺得很疑惑，為什麼媽媽嘴巴說愛她，但卻連看都沒看她一眼，還很不耐煩的樣子。

於是，孩子又問：「媽咪，妳真的愛我嗎？」

媽媽心裡面雖納悶「為什麼同樣的問題要問兩次？」但還是一面洗碗一面回答，只是刻意改變聲音的語調和口氣說：「當、然、愛、啊！媽媽最愛我的寶貝女兒了，寶貝快點去洗洗手吧！」

這一次，孩子稍微能理解媽媽似乎是真的愛她，雖然回答的內容一樣，但媽媽的口氣變溫柔了。然而談話的內容占了溝通比例的百分之七，說話的聲調和語氣占了百分之三十八，光是這樣，還是依舊無法達到百分之百理想的溝通狀態。

因此，孩子又繼續問：「媽咪，妳真的愛我嗎？」

這時，媽媽轉過頭看著孩子，心想：「這孩子怎麼會同樣的話連續問三次呢？是不是發生了什麼事情？」

於是，媽媽決定先暫停洗碗，蹲下來專注看著孩子的眼睛，同時給孩子一個大大的擁抱說：「當然啊！媽咪當然愛妳，看著媽媽的眼睛，妳知道嗎？媽媽最愛妳了！」

像這樣用眼神專注看著對方，再輔以肢體動作，就是溝通中最重要的一環。

麥拉賓法則提出：一個人對他人的印象，約有百分之七取決於語言訊息；聲音、語氣等占了百分之三十八；視覺訊息所占的比例則高達百分之五十五。當這三項溝通要素全部具備後，就可以達到百分之百，也就能展開有效的溝通對話。

那麼，要如何把這套法則和五比一黃金對話法則一起運用呢？

請專注凝視著孩子，並對孩子說出肯定認同的話，孩子自然而然會將媽媽的話牢牢記在心中。當孩子在和妳說話時，暫時先放下手邊的工作，看著孩子的眼睛對孩子說：「過來媽媽這邊！媽媽跟妳說，媽媽很愛妳！」同時抱抱孩子、親親孩子，像這樣花不到一分鐘的時間，就能讓孩子感受到滿滿的愛，請平常就對孩子這麼做吧！

自我對話練習

試著練習與內在對話吧！仔細想想到目前為止，你和孩子之間，哪些溝通方式是有效的？哪些是無效的呢？在與孩子溝通時，最重要的關鍵在於讓語言、聲音、肢體一致，並且時常以積極正面的態度肯定孩子，去思考該怎麼做才能增進親子關係。

1. 看著孩子的眼睛，抱抱孩子並且以溫柔的語氣對孩子說：「我愛你。」妳每天都有做到嗎？一個星期內做到幾次呢？

星期一	星期二	星期三	星期四	星期五	星期六	星期日

2. 經常對孩子說正面肯定的話，給予孩子支持認同，例如：「媽媽可以理解你的想法」、「我能體會你的心情」、「站在你的立場來看，的確有可能會這麼想」等等。每天都有做到嗎？一個星期內做到幾次呢？

星期一	星期二	星期三	星期四	星期五	星期六	星期日

08 內在對話練習一

從觀察與傾聽開始

孩子從幼稚園放學回到家後，對媽媽說：

「媽咪，今天學校點心是橘子，老師把橘子發給小朋友，但只有我和允錫沒有，我好想吃橘子喔！家裡有橘子嗎？」

「為什麼老師沒發橘子給你？」媽媽聽到孩子的話後問。

孩子回答：「因為班上有七個小朋友，但橘子只有五顆啊！」

聽完孩子的話，媽媽心裡覺得很難過，忍不住抱怨：「老師真偏心！」

場景切換到另一個家庭。孩子從幼稚園放學回到家後，對媽媽說：

「媽咪，今天學校點心是橘子，老師先把橘子發給我，但有兩個小朋友沒有橘子吃。」

「為什麼有兩個小朋友沒有橘子吃呢？」媽媽聽到孩子的話後問。

孩子回答：「因為橘子不夠分啊！」

媽媽聽了滿心歡喜地說：

「哇！看來老師特別喜歡我們家○○呢？」

究竟是從什麼時候開始，我們變成了凡事只看表面，不深入了解就直接評斷，甚至把這些的想法當成事實深信不疑呢？如果我們希望和對方展開更貼近真實的對話，**首先，就需要將眼睛所看到的、耳朵所聽到的如實反應出來，也就是需要先學會觀察**。

上述的例子當中，認為老師偏心其實只是媽媽個人的想法而已，因為站在她的角度來看，她聽到的內容是，老師沒發橘子給她的小孩。而另外一個媽媽認為老師特別喜歡自己的孩子，也只不過是她個人的想法，有可能老師發橘子時，從她的孩子開始發起，另外兩個小孩比較後面，因此沒拿到而已。

為什麼比起觀察，我們更善於評斷

觀察和評斷其實是相輔相成的，人們會在觀察的同時做出評斷。然而，我們卻經常忘了觀察，而把評斷當作是唯一的真實訊息。這是因為長久以來，人類在生存本能驅使下，為了確保自己的安全，時常必須立刻做出決斷。在這樣的情況下所做出的決定，並沒有經過充分思考和理性評估。當這樣的模式套用在人際關係上，又會變得如何呢？

如果光憑判斷而非觀察，我們很容易會對人產生偏見，對自己有利的人會比較有好感，反之亦然。因此，對人會產生好惡，如果對某人沒有好感，之後看到這個人就只會看到他的缺點。

別再對他人「貼標籤」

當我們往別人身上「貼標籤」後，很容易會為了證明自己的想法，「看吧！我說的沒錯吧？他就是那種人！」就拚命找出證據來說明自己是對的，這就是一種對他人的「偏見」。後面的章節，會再更詳細討論關於偏見。當我們一旦對一個人產生了負面刻板印象，日後很容易就只看那個人不好的一面，並且認定這就是事實。

像例子中的第一位媽媽，之後可能會一直找老師麻煩，認為老師就是偏心；而第二位媽媽則很有可能會覺得老師偏愛自己的孩子，變得喜歡老師也說不定。就像我們只要討厭一個人，就會對這個人沒有好感，看他做什麼事情都不順眼一樣。

那麼，如果我們也幫孩子「貼標籤」，又會如何呢？

當媽媽一旦在心裡面認定自己的小孩「很懶惰、沒想法」，看到孩子躺在沙發上時，就會想：「你看看！這孩子真是懶惰，又躺在那邊發懶了！」在媽媽的眼裡，只是一個動作，也會被當成是一個懶惰的人。

如果我們總是習慣往別人身上「貼標籤」，並且還一味地認為自己的想法是對的，彼此的關係還會有更深入的連結嗎？還能夠真正的交心嗎？我想大概很難吧！

因此，先從和最親愛的孩子對話時開始改變吧！和孩子溝通時，放下一切的主觀和評斷，用心去觀察、傾聽，才是真正溝通的開始。成功的內在對話，正是從觀察開始。

找回觀察的能力

「我們家孩子成天都在滑手機！」

↓我眼睛看到的事實是：他昨天坐在沙發上滑了兩個小時的手機。

我們都具有如實陳述眼睛所見、耳朵所聽的事件的能力，小時候的我們，比任何人都善於細心觀察周遭的一切。然而長大後，這能力卻漸漸失去了，必須透過不斷練習，才能找回觀察的能力。

找回觀察的能力，並非要我們放棄評斷，而是要學會區分什麼是主觀的評斷？什麼是客觀事實？然後盡可能減少主觀評斷，不把自己腦海中的想法當成是真實，才不會說出像：「我們家孩子真的很懶惰！」這樣的話。

當我們學會區分什麼是主觀的評斷，什麼是觀察後客觀的事實時，就可能會說：「當我看到孩子把書本、襪子、穿過的衣服亂七八糟的堆在床上，然後又連續三天沒刷牙洗臉時，心裡產生了這孩子真是懶惰的想法。」

自我對話練習

試著把主觀的評斷，切換成實際觀察後的客觀事實吧！

例〉我家的孩子很活潑好動。

→學校運動會剛結束回到家後，孩子跟我說：「一點也不累！」接著下午又跑去游泳了。

1. 我家的孩子是問題兒童。

→

→

2. 我家的孩子太軟弱容易被人欺負。

↓

↓

3. 我家的孩子很霸道。

↓

↓

4. 我家的孩子很會為別人著想。

↓

↓

5. 我家的孩子很懶惰。

6. 我家的孩子天生具有領導能力。

↓

↓

↓

↓

09 內在對話練習二

察覺內心的真實感受

想法→產生想要行動的衝動→情緒感受

「這孩子一整天都在滑手機！」（**想法**）

看到孩子在滑手機，忍不住想衝過去搶走他的手機（**產生想要行動的衝動**）

接著勃然大怒斥責孩子（**情緒感受**）

當結束一整天的工作，下班回到家時，卻看到兒子躺在沙發上滑手機，連正眼都沒看我一眼，就只是淡淡說了一句：「媽，你回來啦！」看到兒子這模樣後，如果把當下內心冒出來的想法認定是事實：「這孩子每天都在滑手機，長大後能有什麼出息？難道不知道媽媽有多辛苦嗎？」我可能會立刻大聲斥責兒子，恨不得把他從沙發上拽下來，隨後會帶來「不愉快、憤怒」的情緒感受。腦海裡的這種反射思維，很容易讓人產生衝動行為和負面的情緒。

想法↓觀察↓情緒感受

「我經常覺得孩子成天都在滑手機，昨天我看到他坐在沙發上滑了兩個小時的手機。」

↓當我看到孩子連續兩個小時坐在沙發上滑手機的樣子，我察覺到自己的感受與其說是生氣不耐煩，其實心裡有更多的擔心和焦慮不安。

倘若此時此刻，我能察覺到自己的想法，並且轉換成觀察的角度來看，會有什麼變化呢？「啊！原來我心裡面有這種想法啊！認為孩子很不懂事，不知道我上班有多累多辛苦。我看到了什麼呢？我看到兒子躺在沙發上，連看都沒看我一眼，就只是淡淡地說了一句：「妳回來啦！」」當我聽到這句話時，當下的心情如何呢？坦白說，心裡覺得很難過。啊，原來這是我內心的感受。透過這樣與自我內在對話的過程，來察覺內心的真實感受。

透過觀察，培養對情緒的覺知力

有趣的是，不管我們是直覺反應，還是觀察，都會產生情緒。這些情緒可能一樣，也可能不一樣。一個人若是無法感受到情緒的波動起伏，那跟死亡其實沒有兩樣。

我們無法控制大腦停止思考，再經由思考做出評斷。因此，並不是放棄評斷，而是盡可能地讓自己多去觀察，努力學會區別哪些想法是來自於主觀評斷？哪些是客觀的觀察？當我們試著培養情緒的覺知力，就能察覺自己更真實的情緒，透過這樣的過程，練習讓心平靜下來。

情緒背後所隱藏的真實含義

誰都不想要有負面的情緒，總是盡可能地逃離負面的感受。尤其是「為母則強」的母親們，更不想要經歷那些會讓自己崩潰的負面心情，無論是悲傷、恐懼、不安、愧疚、羞愧……都想盡可能地躲得遠遠的。

然而，這些情緒並不是想躲就躲得掉，我們應該要學會的是，如實地接納自己。之所以會有這些情緒，是因為我們還活著，活著就會思考，思考就會產生情緒。為什麼非得把這些情緒前面加上「負面」這兩個字呢？當情緒被冠上了「負面」的形容，又有誰會喜歡呢？

我們越是否定抗拒負面情緒，當孩子產生傷心、害怕、恐慌、憤怒、不安、害羞、丟臉……之類的情緒時，我們可能會試圖想要替孩子排除，甚至不允許他們有這樣的情緒出現。

過去，我曾經罹患過恐慌症。在恐慌症發病期間，我每天都在跟恐慌、不安的情緒對抗，我不願意承認自己有這些情緒，不容許所謂的負面情緒出現在我的人生裡。但當我越是抗拒，越是避免不了，反而讓自己陷入無止盡的情緒迴圈中。

其實，情緒並沒有好壞，生活中出現的任何情緒，只是一種提醒。它會反映出我們對現況是否滿意？如果此刻覺得很幸福，就表示對現況很滿意；反之，則意謂著尚有不盡人意之處。

哄孩子睡覺時，倘若一擁孩子入懷，他很快就能進入夢鄉，看著孩子香甜的睡臉時，當下會感到很幸福喜悅。不過如果又是抱、又是揹，哄了兩個小時，孩子依然不肯入睡，此時不耐煩的情緒就會湧上心頭，也會覺得整個人像是快要被榨乾似的，身心俱疲。透過觀察情緒的起伏變化，可以察覺在那個當下，內心是否有某種需求沒有滿足？情緒只不過是想提醒我們，傳達這些訊息讓我們知道而已。

自我對話練習

請參考第332頁附錄二關於感受的形容詞，試著寫出在下列的情況下，有什麼樣的情緒感受？

例〉搭捷運時，站在我後面的人突然推開我衝向前搶走了最後一個位置，讓我連續站了十三站。

↓不爽、委屈。

1. 逛超市時，突然發現孩子走丟了，找了十分鐘才找到孩子。

2. 哥哥和弟弟在房間玩玩具，結果哥哥把堆好的積木推倒，還打弟弟。

3. 娘家媽媽突然拿三千元給我，叫我去找好姐妹聚一聚，放風一下。

4. 先生說晚上公司有聚餐，結果凌晨三點都還沒回家，連電話也不接。

5. 孩子學校老師打電話來，說孩子在學校很懂事，和同學也都相處融洽。

10 內在對話練習二

探索情緒背後的原因

「我的兒子常常一整天都在滑手機，像昨天我就看到他坐在沙發上，整整兩個小時都在滑手機。」

↓當我看到孩子連續兩個小時坐在沙發上滑手機的樣子時，我察覺自己的感受，與其說是生氣不耐煩，其實心裡有更多的**擔心和焦慮不安**。

↓為什麼我會出現這樣的情緒呢？因為我希望孩子能自律，這樣一來我才可以放心，可以好好休息。

我們必須用心聆聽情緒所傳達出來的訊息，唯有如此，才能察覺情緒背後真實的原因。想法會帶來情緒，當大腦出現一些沒有幫助的想法時，便會容易出現衝動的行為，甚至會責怪對方，和對方發生衝突。但當我們明白情緒的產生是來自腦海中的反射思維，也就能理解為什麼自己在那個當下，會產生一些莫名奇妙、具有攻擊性的情緒，也才能靜下心去察覺自己真實的感受。**透過靜心覺察的過程，發現自己原來並不是在生氣，而是充滿了擔心和焦慮。**

如何察覺情緒背後的真實原因？

如果說情緒的出現是一種提醒，可以讓我們知道自己目前心裡「想要的」是否獲得滿足？那麼所謂「想要的」又是什麼呢？

我們一般稱之為「渴望」、「需求」、「欲望」，在本書中為了方便區分，我把它統稱為「需求」（請參考第328頁附錄一）。情緒的出現通常伴隨著心裡的某種需求，換句話說，我們之所以會有情緒，最主要是因為心裡有需求，需求不管有沒有被滿足，都會有與之相對應的情緒產生。當哄孩子睡覺時，孩子被一擁入懷後就立刻進入夢鄉，此時的我們，看著孩子的睡臉會感到幸福喜悅，那是因為內心想要好好休息、想擁有獨處的時間、片刻的寧靜自由等這些需求被滿足了；反之，如果連續哄了兩個多小時，孩子依然遲遲不肯入睡，我們會感到不耐煩、疲倦無力，是因為心裡想要好好休息睡覺、希望孩子作息規律等，內心深處某種迫切的需求沒有獲得滿足。

需求未被察覺時的「副作用」

我們經常會忽略情緒帶來的訊號，而不去探討情緒背後的真實原因。因此，當情緒來臨時，會認為是自己個人的問題，而壓抑情緒去迎合對方。或是把問題怪到他人身上，認為自己會這樣都是對方造成的，因而批評對方或是強迫對方改變。就前述例子而言，當媽媽認為自己生氣的原因都是因為孩子，很可能接下來就會不分青紅皂白對孩子破口大罵，直接搶走孩子的手機，或是硬把孩子從沙發上拽下來。相反的，假使媽媽能察覺到情緒背後的原因，是來自於心中某種需求未被滿足，情況可能就會有所轉變，而扭轉彼此關係的奇蹟，就從這裡開始。

扭轉關係的奇蹟，從表達需求開始

當媽媽能夠察覺自己擔心和焦慮的原因，是希望孩子生活能自律，學會為自己安排課外活動，就能適當地表達自己內心的需求，而不會只是責備孩子。

↓「都是因為你，害媽媽都沒辦法好好休息，老是要替你操心，你看看你一整天都在做什麼？還不趕快關掉手機！」

↓「媽媽之所以會覺得擔心，是因為希望你自己待在家裡時，能夠學會自律，有辦法為自己安排活動。」

上述這兩種表達方式，哪一種孩子比較能聽得進去呢？如果直接問孩子：「聽到媽媽說這些話，你有什麼感覺？」我想孩子會告訴妳真話。當孩子聽到媽媽用第一種方式說話時，會覺得：「媽媽在生氣了、媽媽很不耐煩、媽媽又在逼我了……」然而，如果換成第二種方式時，孩子會聽得出來：「媽媽很擔心我、媽媽希望我能學會自律、媽媽想教我一些事……」

什麼才是妳真正想告訴孩子，希望孩子能夠記得的呢？想一想，當我們和對方溝通時，會希望對方聽到什麼？應該會希望對方能聽得懂我們心裡想要什麼吧！換言之，也就是希望對方能理解自己內心的需求。

讓真正的需求被看見

身而為人，本來就會有各式各樣的需求。有時候，我們會為了滿足這些需求，不停地和對方溝通、向對方提出請求、努力做很多事情來達成心中所想要的。例如：為了讓自己擁有獨處的時間，可能就會想快點哄孩子入睡，或是打電話請娘家媽媽幫忙照顧孩子。

每個人在不同的時間點，心中會有不同的需求產生，而這些需求對任何人來說都是重要的。如果我們能適時地表達自己內心所想，也就比較能讓對方理解並同理我們的感受。可惜的是，在某些情況下，需求就是無法被滿足；在某些關係中，也很難坦率地表達感受。

就像媳婦即使再累再辛苦，也很難開口對婆婆說：「媽，我累了，我想好好休息一下！」身為員工的人，也很難鼓起勇氣直接對老闆說：「老闆，請你尊重我，讓我有工作自主權。」雖然對婆婆而言，她也會有想休息的時候，也能夠理解休息是必要的；身為老闆的人，能明白在工作時擁有自主權和被尊重是很重要的事。但由於權力位階的差異，在這些上對下的關係中，處於權力弱勢的人，相對來說會比較難把自己的需求坦然表達出來。他們會擔心說出來後，對方無法理解或解讀錯誤，會引來不必要的衝突和誤會。因此，在溝通時，無論是表達自己的需求，或是當對方表達需求後，都要以客觀的角度去理解對方，而這也是需要練習的。

因此，身為母親的我們，在和孩子溝通時，要練習真誠地說出自己的需求，同時也學習去傾聽孩子的需求，而不是去煩惱自己應該要做些什麼？如果我們能以這樣的方式和孩子溝通，當孩子長大後，面對情緒時，才不會老是把問題歸咎到別人身上，或是陷入自責的迴圈中，而是能夠學會以健全的方式和對方開啟良好的對話。

當孩子對妳說：「媽，我覺得自由很重要，自主權也很重要。」相信正在看這本書的媽媽，不會有任何一位回答孩子：「拜託！那些東西根本一點也不重要，自由和自主權並不是人生的一切！」

我相信妳們都會說：「沒錯！媽媽也覺得自由和自主權很重要。」每個人都會因為想法觀點不同，容易在溝通時和對方產生衝突，但需求卻是比較容易被理解的。之所以會說表達需求是讓關係扭轉的奇蹟，原因在於即便心中的需求無法獲得滿足，但如果對方能夠同理傾聽，關係也會變得更加融洽。當心很累的時候，朋友一句：「妳看起來好像很累的樣子，需要好好聊聊嗎？」光是這樣一句話就足以讓人感動，因為內心的需求被看見、被聽見了。當說出心裡的需求後，對方也能予以同理關懷，關係的奇蹟就會出現。

自我對話練習

在本書第328頁附錄一中，列出了各式各樣不同的需求，請試著從以下狀況中，檢視自己哪些需求被滿足了？哪些沒有？

例〉「我真的很不開心。媽媽難道不知道我有多努力多認真嗎？只會一直叫我再多努力一點，每次聽到她這樣說，我都很想乾脆放棄算了。」

→心中未被滿足的需求：認同、感謝、同理

1. 我覺得很委屈，我明明沒有拿對方的東西，他卻一直叫我趕快拿出來。

2. 我真的很生氣，忙到連午餐都沒吃拼命認真工作，好不容易工作到一個段落，稍微休息一下喝杯咖啡，結果主任剛好經過，質疑我是不是在偷懶？

3. 我覺得很幸福，今天媽媽為了慶祝我的生日，買了一條很漂亮的項鍊送給我當禮物，還跟我說謝謝，謝謝我生下可愛的小寶貝，辛苦了。

4. 今天聽到幼稚園老師說，孩子在學校幫了同學的忙，而且和同學相處融洽，是個愛笑又可愛的孩子，心裡很開心。

5. 回顧自己今天，遇到哪些狀況時心裡的需求被滿足了？哪些沒有？

11

內在對話練習四

說出內心真正的需求

去年，我曾在媽媽廣播電台舉辦過多場座談會。邀請了一些人互相分享，如何和子女溝通。一般像這樣的親子座談會，通常都只有媽媽會來參加，那天剛好有一位媽媽帶著兒子一起出席，而座談會的主題正好是「如何開口請孩子幫忙？」當大家圍坐在一起自我介紹時，小男孩到處蹦蹦跳跳大聲喧譁吵鬧。

「你再吵，我就不買遊戲王卡給你了，不是跟你說過要乖乖坐好嗎？」母親特意壓低音量對孩子說。沒想到，孩子立刻大聲回嘴：「為什麼？妳不是說只要我跟妳來，妳就會買給我嗎？」

此時，我看著這個孩子，並對他提出請求。

「小朋友，你可以看老師這裡一下嗎？我現在需要請你幫我一個忙（請求），當大家在自

我介紹時，你可以保持安靜嗎？（行為）」

孩子回答：「好」。

在那之後，小男孩果然真的安安靜靜地坐在一旁，等大家自我介紹，甚至接下來一整天都是如此乖巧。

請求＝需求＋想要對方做到的事

當媽媽對孩子說：「媽媽想休息一下。」**（媽媽的需求：休息）**

此時，媽媽只表達了自己的需求，而孩子只了解媽媽想要什麼而已。於是，孩子對媽媽說：「好，我知道了，那妳好好休息喔！」說完，便開始自己去穿鞋子。

「你在幹嘛？」

「妳不是說想休息嗎？」

「對啊，然後呢？」

「所以我要帶媽媽出去，出去玩就是休息啊！」

孩子理解了媽媽想要什麼，但卻不知道該怎麼做才能滿足媽媽想要的。如果媽媽想要的休息是能夠好好睡一覺，那麼，該如何跟孩子說呢？

「媽媽好累，想要睡三十分鐘，媽媽睡覺的時候，妳可以乖乖看電視等媽媽嗎？讓媽媽好好睡一下。」

練習對自己說

像這樣表達自己內心真正想要的，不只是對別人說，也要練習對自己說。因為不光只是要求別人，我們也要學會滿足自己。

我一直都很渴望被愛。因此我也曾埋怨過我的父母，為什麼不夠愛我？甚至有時候，我也會抱怨孩子不夠愛我。然而，現在我懂了，如果我渴望被愛，那麼我就要先愛自己。每天給自己一個擁抱，搥搥自己的手臂舒緩筋骨，大聲的跟自己說聲辛苦了。一直以來渴望被愛的我，透過這些小小的舉動，赫然發現，原來愛不是只有別人才能給我，這麼一來，心也跟著稍稍釋懷了。

自我對話練習

試著練習向自己或向對方請求。

請求＝需求＋想要對方做到的事

例〉媽媽需要孩子幫忙時

→寶貝，媽媽想請你幫我一個忙。（需求）我在準備晚餐的時候，你可以幫我把碗筷排好放在餐桌上，吃完飯後，再把碗盤放到洗碗槽裡，好嗎？（具體行動）

1. 希望被人理解時（對朋友或對先生說）

2. 希望自己的生活過得更快樂（對自己說）

3. 想請人協助支援時（對家人說）

第二章

理解並同理孩子

01 向孩子表達謝意

不要說「你好棒」，而是「謝謝你」

向孩子表達謝意並給予尊重，
以培養孩子健全的人格。

想和孩子建立良好的溝通，重要的關鍵在於，即使和孩子發生爭執，在生氣時，也能夠處理好憤怒的情緒。大多數的人都覺得，這並不是容易做到的事，生氣時，往往會更急著表達，但結果卻總是事與願違。因此，我們平時就必須持續練習溝通。我偶爾也會不小心失去理智，對孩子說了不該說的話，事後才又懊悔不已。但當我開始學習如何與人溝通後，即便在氣頭上，也不會像過往一樣，隨口說出不好聽的話，反而會先靜下來反省自己是不是哪裡做錯？誠實地向對方說出自己的感受。之所以能有這樣的轉變，除了學習當憤怒來臨時，坦然面對、表達外，更重要的在於時時懷抱感恩的心，經常向他人表達謝意。

練習經常向他人表達謝意，會有以下三個好處。

第一，會覺得自己的生活很幸福富足

第二，即使生氣時，也能透過向對方表達謝意的方式，讓對話得以繼續進行。

第三，經常練習表達謝意，會讓自己變得比較不容易生氣。

不久前，我曾看過國外一位男性急救員在ＴＥＤ上的演說。他的體型高大，看起來十分穩重，他的工作是負責交通事故現場的緊急救援。他說，每當他到車禍意外現場救人時，看到傷勢嚴重、凶多吉少的傷患，僅存著最後一絲氣息問他：「我快要死了嗎？」總會讓他陷入天人交戰。到底該說謊安撫這些臨終的患者，好激起他們的求生意志？還是該向他們說實話呢？

起初，他面對瀕死的患者時，會告訴他們還有存活的可能，希望藉此安撫他們的情緒，但事後卻總會讓他深感不安。後來，他決定坦白說出實情。

「雖然這麼說很遺憾，但這一刻，應該是你生命中的最後一刻。」

當這些人聽了他的話後，往往把握生命中的最後一刻，真情流露地向心愛的人表達歉意，或說出那些未曾說出口的愛。

將愛表達出來

於是，我閉上眼睛在心裡想像。

「當同樣的事情發生在我身上時，在那一刻我會想到誰呢？」

我想到的人是我十六歲大的兒子。成為單親媽媽後，過去十二年來我和他相依為命，兒子對我來說，是任何人都無法取代的存在。

正在閱讀這本書的你，會先想到誰呢？你會如何表達對這個人的愛呢？

曾經有一位爸爸來參加對話練習課程，當我問到這個問題時，他的回答是：「我想到我的女兒，我們家小寶貝真的很可愛！」或許平常的我們，不輕易把愛說出口，但只要稍加練習，就能對親愛的孩子們表達心中滿滿的愛。

如何將感謝說到對方心坎裡

1. 描述具體事實

我問那位爸爸：「當你覺得女兒很可愛的時候，你腦海中會浮現出什麼畫面呢？能不能具體描述一下。」

他沉思了一會兒，緩緩開口說：「某天，我因為跟部門主管鬧得有些不愉快，心情很複雜又很累，整個人都很焦躁。我身心俱疲的回到家後，一打開門，就看到女兒光著腳丫咚咚地朝我跑過來，一邊跑一邊開心大叫爸爸，接著緊緊抱著我的大腿，小小的臉龐不停在我腳邊磨蹭撒嬌，一臉燦爛。當我張開雙臂時，她立刻撲進我懷裡，邊親吻我的臉頰，邊對我說：『爸爸我好想你喔！』」

他說完後，我詢問某位學員：

「當你聽到這些話時，腦海中是否也跟著浮現出畫面呢？是不是像在看電影一樣，畫面十分生動？」

那位學員拼命點頭表示認同，接著說：

「沒錯！他女兒真的很可愛。我好羨慕喔！哪像我們家沒有女兒只有兒子，現在兒子長大了，我連進他房間都要經過他同意。」

說完，大家都笑了。

一開始，那位爸爸說自己的女兒可愛，這是對女兒的讚美，聽起來像是一種評價；而後面描述女兒撒嬌的畫面，則是一種觀察。當我們想讚美對方時，最好透過觀察，將所看到的、聽到的描述出來。觀察是很客觀具體的，藉由描述觀察到的事實，聽到這些話的人腦海中，也會跟著浮現出畫面，才能夠觸動對方，讓對方感動。

2. 發自內心表達感受

當我們將記憶中的場景細膩地描繪出來後，在心裡會自然湧現感謝對方的心意，也會感受到滿滿的幸福，這就是描述的力量。透過描述的過程，再重新體驗一次，同時也將這份感受如實告訴對方，這就是表示謝意的第二種方法——發自內心的表達感受。

與其告訴孩子：「我的寶貝女兒最可愛了！」倒不如說：「寶貝妳知道嗎？當爸爸回家時，看到妳朝爸爸跑過來，緊緊抱住爸爸，邊親著我的臉頰，邊跟我說妳很想我時，爸爸真的覺得自己是天底下最幸福的人了！」

透過這樣的表達方式，孩子也能感染到幸福。比起「好可愛」這樣評價式的讚美，孩子更能體會到帶給別人幸福的價值。

3. 讓對方感受到意義與價值

「寶貝妳知道嗎？當爸爸回家時，看到妳光著小腳丫朝爸爸跑過來，緊緊抱住爸爸，邊親著爸爸的臉頰，邊跟我說妳很想我時，那時爸爸真的覺得自己是天底下最幸福的人了！爸爸今天上班覺得特別累，但回家後看到妳，又重新有了力量，妳讓爸爸覺得身邊有好多好多的愛。」

人活在世上，總是會尋求自身存在的意義和價值，孩子也一樣。因此孩子總會對父母敞開心房，給予父母全然的愛，希望讓父母開心。做父母的我們，比起單純地誇讚孩子：「你好棒！」倒不如打從心底對孩子說聲：「謝謝你！」透過向孩子表達謝意，告訴孩子他的存在，對爸爸媽媽來說是多麼珍貴、多麼重要？讓孩子感受到自身存在的意義與價值。

要將感謝說出口

我偶爾會在心裡想：「如果今天是我生命中的最後一天，我會想對兒子說什麼？為他做什麼呢？」雖然沒有親身經歷這種刻骨銘心的痛苦，很難有深刻的體悟，但我還是希望人生能夠盡可能地不留遺憾。因此，我試著練習把每天都當作生命中的最後一天來活，同時學習不能只是把感謝放在心裡，而是即時向對方說出來。

當口渴時，孩子幫妳倒了一杯水。不要只是光在心裡面覺得：「哇，這孩子真是貼心！」而是直接對他的貼心行為表示感謝：「謝謝你幫媽媽倒水，我剛好覺得口渴想喝水，想不到媽媽都還沒說，你就幫我拿來了，喝了你幫我倒的水，我覺得舒服多了呢！謝謝你！」

仔細想想，光是孩子早上出門後，能夠平安回到家中，就是一件多麼值得感謝的奇蹟。日常生活裡看似理所當然的事，如果能多加留心體會，你會發現無處不是生命中的奇蹟，也會不由得滿懷感謝與感動。

然而，這是需要花時間練習的。想要真誠地向孩子表達心中的感謝，一開始多少會覺得有點害羞不自在，但如果父母能夠把所聽到的、所看到的，具體一一描繪出來，並說給孩子聽，

當你處處留心觀察、用心領會，
那些看似平凡、理所當然的生活瑣事時，
會發現生命中的一切，都是值得感謝的奇蹟！

孩子的心也會被觸動。

在日常生活中，我們總是習慣用「對」或「錯」的標準，來評斷一切事物。就連孩子的行為，也以好壞對錯來衡量；當孩子做錯時，便急著要孩子趕快改正過來，就算知道責罵的方式會破壞關係，也在所不惜。但這麼做，卻會讓我們忘記去感謝，甚至無法意識到，向孩子表達謝意這件事有多重要。尤其是如果孩子有注意力不足或過動等症狀時，當孩子從學校回到家裡，媽媽的壓力會特別大，深怕孩子回家後又是一場戰爭。然而，如果媽媽能夠轉換另一種想法：「不管怎麼樣，今天孩子平安無事的回來了，之後發生的問題，之後再解決就好。」心境上可能就會有不同的轉變。

每個孩子與生俱來都有不同的個性和特質，處理情緒的方式也大不相同，孩子有可能在學校或是安親班時，已經聽了太多批評和責備的話，但卻隱忍著什麼也不說。因此，至少讓孩子回家後，能夠暫時遠離這些批判的聲音，讓家成為孩子可以好好安心休息的避風港，相信這是每個媽媽心中都有的盼望。

在孩子回家之前，試著從「心」開始改變，張開雙臂好好擁抱孩子、迎接孩子回家。無論孩子在學校表現是好是壞，一切都無關緊要，重要的是孩子平安回家了。

當妳能夠體認到，那些看似理所當然的人事物，才是最難能可貴的，就能發自內心，由衷的感謝這一切。孩子的存在，就是值得感謝的奇蹟。

媽媽的對話練習

今天結束前，給自己一段時間依序完成以下事項。

1. 睡覺前，在家中找個令妳放鬆的地方獨處。

↓化妝台前／陽台窗邊

2. 回想一天當中，即使再小的事情也好，讓妳感到幸福的事是什麼？

↓今天和孩子從幼稚園走路回家時，我感到很幸福。

3. 試著具體且詳細的描述事情的經過。

↓今天天氣很好，我牽著孩子的手走路回家。陣陣涼爽的微風吹來，吹乾了我額頭上的汗水。孩子和我分享幼兒園裡發生的點滴，接著，我們在小店裡買了根玉米，邊走邊啃玉米，他開心大喊：「媽咪最棒！」

4. 當腦海中浮現這些畫面場景時，妳有什麼樣的感受？（可參考附錄第332頁）

→我覺得很幸福，心裡漾起了幸福的暖意。

5. 為什麼這件事會讓妳感到幸福？滿足了內心哪種需求？（可參考附錄第328頁）

→當孩子大喊：「媽咪最棒了！」時，覺得一切的辛苦都值得了，看到孩子平安健康長大，心裡感到很欣慰，也體會到付出的快樂。

隔天早上，請把這些話告訴孩子。用孩子能聽懂的話，向孩子表達感謝！

02 真誠地向孩子說「對不起」

不找任何理由和藉口

道歉是需要勇氣的，
這才是真正維護自尊心的方法。
說了對不起卻又找藉口為自己辯解，
只是在逃避面對自己。

生完孩子後，我辭去了工作，因為覺得孩子的童年只有一次，想全心全意陪他長大。即使到現在，我的想法依然沒變。但一個人在家帶孩子，一天內總會有好幾次理智線斷線。每次聽到好姐妹或前同事的消息，都會感到自慚形穢，覺得自己好狼狽，未來一片渺茫。加上孩子還小，每天有忙不完的育兒瑣事，似乎永遠沒有結束的一天。越是低潮，就越容易對晚歸回家的先生發脾氣。

上週五晚上，先生喝了很多酒很晚才回家，原本說好星期六要帶孩子去兒童樂園，結果先生因為宿醉而去不成，孩子卻因此哭鬧不休。無能為力的我，生氣地對孩子大吼：「我也沒辦法啊！爸爸又爬不起來，我能怎麼辦？」明明心裡很難過，對孩子感到很抱歉，卻也不知道該如何是好。如果孩子去上幼稚園，我還能稍微喘息一下，但一天二十四小時跟孩子膩在一起，完全沒有自己的時間，忍不住對孩子失去耐心。

思考比對錯更重要的事

在上述案例中，不難看出這位媽媽心裡的委屈。並不是她不想遵守和孩子的約定，是因為先生的關係才不得已失約。再加上每天帶孩子很累，長期下來累積了很多怨念，才會對忍不住對孩子發脾氣，這是完全可以理解的。

生活中，其實有很多類似這樣的事，明明不是自己的錯，卻平白無故得忍受怒氣，身邊又沒有可以訴苦的對象，心裡很是鬱悶。從小，我們就不停的在爭論到底是誰的錯？誰的責任？小孩間打架時，大人也會問：「是誰先動手的？」接著，大人就會下結論：「看來是你不對！」但當我們長大後，才發現小時候學到爭論對錯的那套方式，在人際關係上根本不管用，因為很多事情就算爭辯到最後也很難有結論。當各自的想法、觀點、立場不同時，很難透過溝通來解決問題。

與人發生爭執時，最重要的不是去爭論誰對誰錯，而是理解對方內心的想法。這對大人來說都不是件容易的事了，更別說是孩子。因此，當和孩子發生爭執時，請先試著理解孩子心裡想要的是什麼？適切地滿足孩子的需要。孩子年紀還小，還無法理解成人的想法與感受。唯有當孩子內心的渴望獲得適度的滿足後，才能敞開心胸與對方建立信任關係，長大後，也才會懂得體諒他人。

拋開無謂的自責，傾聽孩子的心

全職媽媽一整天在家帶孩子，是非常累人的。然而「陪孩子長大是件幸福的事」的觀念，反而讓媽媽們更感到愧疚。在心裡自責：「能自己帶孩子不是應該覺得很幸福嗎？為什麼我卻覺得好累？」而不斷撻伐自己。

越是刻意努力討好，其實心裡更深層的恐懼是「不想要有對不起別人的感受。」為了逃離這樣的感受，就會更拼命更努力，好擺脫愧疚感的枷鎖。換句話說，其實是不想背負對不起別人的心理壓力，也不願承認自己做錯了什麼。

但當我們拋開這些無謂的自責，試著用心傾聽孩子的內心，那又會如何呢？妳會發現，其實孩子只不過是想在週末假日時，和爸媽手牽手一起開心玩耍，度過美好的一天。孩子很期待這天的到來，但卻去不成。又因為年紀還小，無法理解媽媽的心情，不知道媽媽帶孩子有多辛苦，更無法體會爸爸宿醉頭痛有多難受。

孩子只是因為期待落空，心裡覺到很難過而已。然而，我們卻忙著指責另一半，或是想趕快解決問題，卻忘了要好好同理孩子的心情。

成熟的應對方式

那麼，上述案例中的這位媽媽，該怎麼做比較好呢？

首先，先試著理解孩子的失落感，並真誠地向孩子表示歉意。當無法遵守和孩子的約定時，父母要做的第一件事就是「道歉」。「兒子，對不起，你期待了這麼久，結果卻無法帶你去兒童樂園玩，媽咪真的覺得很抱歉！」光只是推卸責任，告訴孩子不是媽媽的錯，是因為爸爸才去不成，這樣的話對孩子一點幫助也沒有。

再來，可以帶孩子一起從事其他活動。雖然沒辦法帶孩子去兒童樂園玩，但一樣可以陪孩子做其他「有趣的」親子活動，也可以和孩子討論下一次要什麼時候去兒童樂園。

身為母親的我們，當處在身心俱疲的狀態下時，總會忍不住在心裡吶喊：「為什麼帶小孩好像是我一個人的責任？為什麼我的人生變得好像不再重要？什麼時候我才可以真正做自己？」成為母親之後，每天面對忙不完的育兒瑣事，總會有那麼一些時候，突然覺得自己的人生彷彿不再屬於自己，自我價值感變得越來越渺小，內心也會不由得感到焦慮。

每當我因為「媽媽」這個身分，覺得心力交瘁時，我會在心裡重新思考「媽媽」這個角色的定義，「媽媽」存在的意義是什麼呢？然後，我會回想起孩子剛出生時，懷裡抱著那個又小又軟的小嬰兒。每個生命剛來到這世上時，都是那樣的脆弱、無助，需要他人全心全意地呵護。而「媽媽」就像是孩子的守護天使，全然地奉獻自己，悉心照顧孩子，「媽媽」正是那樣純粹而偉大的存在。一想到這個，似乎就能重新接納「媽媽」這個角色。

如果孩子還很小，需要長時間陪伴照顧，那麼等孩子睡著後，就好好休息一下，或試著尋求身旁人的協助，讓自己偶爾可以放風，做一些會讓自己開心的事。愛孩子前，要先學會愛自己。當媽媽過度犧牲自我，不懂得好好愛自己，無法調整自己的身心狀態時，很容易會埋怨另一半，不夠體貼、不會主動幫忙。先試著調整自己的生活步調，練習愛自己，唯有我們先好好照顧自己，才能有餘力去照顧孩子，並且站在孩子的立場，同理孩子的心情。等孩子長大後，妳會發現一切的努力都是值得的。

媽媽的對話練習

今天結束前，給自己一段時間依序完成以下事項。

1. 當無法遵守約定時，試著去同理孩子的心情，真誠的向孩子表達歉意。

例〉「我也不想這樣啊！」→「對不起，你一定期待很久了吧！」

2. 當無法遵守和孩子的約定時，試著和孩子溝通討論，找出其他替代方案。

例〉「下次再去吧！」→「我們一起想想看還能怎麼吧！」

03 明確回應孩子的要求

別用「下次再說」含糊帶過

如果父母總是敷衍孩子的期待，會讓孩子失去信任。

唯有在孩子心中種下信任的種子，

孩子長大後，才會成為一位值得信賴的人。

小時候，因為父母離異，我和爸爸住在一起，偶爾才能和媽媽見面。每次和媽媽道別時，我問媽媽：「媽，妳什麼時候會再來看我？」媽媽總是敷衍地回答我：「下次再過來看妳！」當時的我，聽完這句話後，落寞地望著漸漸駛遠的車子，拖著沉重的步伐難過地走回家。從那以後「下次再……」的這句話就成了我的禁忌。也因為兒時的傷痛，我很少對孩子說類似的話。

逛超市時，經常看到孩子吵著跟媽媽說：「媽，買這個給我」、「我想要這個」……大多數的媽媽多半會直接拉著孩子的手離開，告訴孩子：「下次再買！」每當我聽到這句話，都會忍不住停下腳步，細細觀察孩子和媽媽之間的互動，孩子聽完媽媽的回應後，臉上的表情看起來很失落。有些孩子很快就放棄，默默跟著媽媽離開，但有些孩子卻會窮追不捨地問：「下次是什麼時候？」

通常這時候，大部分的父母會繼續迴避孩子的問題，假裝沒聽到或是叫孩子挑別的東西，而有的則會大聲斥責孩子：「我不是跟你說過下次再說嗎？你沒看到媽媽現在很忙嗎？」

親子間的信任關係

有些人很注重「約定」，即使是再微不足道的約定，也會設法遵守。這種人容易獲得別人的信任，也會讓人尊敬。當一個人總是能遵守約定，久了大家會認為他是一個「有信用」的人。在商業合作夥伴關係中，就是透過這樣來建立商譽信用。

然而，孩子和父母之間並不是信用關係，而是一種信任關係。父母生下孩子後，在養育子女的過程中，會和孩子形成一種互相依賴、彼此信任的關係。當然有時父母會對孩子說謊，孩子也可能會對父母說謊。但即便父母再怎麼生氣，終究還是會原諒孩子；再怎麼心痛，也依然願意用愛包容，並繼續相信孩子。當孩子流著眼淚說：「媽，對不起！我錯了！」即便再怎麼鐵石心腸，也會瞬間融化，立刻張開雙臂擁抱孩子。

像這樣無條件地相信孩子的信任關係，是父母給孩子的禮物，也是一種成熟關係的體現。若孩子能從父母身上學會信任，就是一種愛的延續，長大後，當他們為人父母時，也能將這份愛繼續傳承下去。

在孩子成長過程中，需要父母用心陪伴並且同理他們的感受。孩子是透過父母學習信任的，因此父母的身教相當重要。要讓孩子學會建立信任關係，父母要先在孩子的心裡種下信任的種子，幫助孩子建立安全感。

嬰幼兒認知發展心理學中，提到的「物體恆存」概念，意指即使物體看不見，也能理解並相信該物體仍然存在。例如：當待在客廳的孩子，走回房間關上房門後，即便沒有親眼看見孩子在房間裡，仍然知道孩子就在裡頭，這就是一種「物體恆存」的概念。在孩子兩歲之前，「物體恆存」的概念尚未完全形成，也因為這樣，當孩子沒看到媽媽時，會以為媽媽消失不見了，而噘起嘴嚎啕大哭。直到媽媽出現後，才會感到安心停止哭泣。等孩子漸漸長大後，會慢慢發展到即使偶爾沒看到媽媽，也不會立刻哭著要找媽媽，或是即使沒有看到媽媽，也能自己玩得很開心，看到媽媽後又會露出燦爛的笑容。因為此時的孩子已經知道，媽媽即使短暫離開，一樣會再回來，能接受媽媽只是暫時不在身旁而已。那麼要如何協助孩子建立信任感呢？首先父母得先向孩子預告，更重要的是，和孩子約定回來的時間。當你遵守約定準時回來，建立了規律感及信任感後，孩子知道你會再回來，分離焦慮就會慢慢消失。

不正面回應孩子，其實是在逃避責任

對孩子來說，父母是他的全世界，他們相信父母說什麼時候回來就會什麼時候回來。雖然他們也會因為等太久而感到失落，甚至會因此發脾氣，但當孩子知道要等多久，會和完全不知道時，在心情上有著很大的差別。

相信很多職業媽媽都有過這樣的經驗，每回要上班時，看到孩子哭喪著臉問：「媽咪，妳什麼時候回來？」都會感到揪心。不過只要撐過一段時間，當孩子了解媽媽每天下班就會回家，孩子很快就能適應這分離的過程。不過，如果孩子比較黏，媽媽離開時也會特別焦慮不安。很多媽媽會在這時候對孩子說：「媽咪很快就回來了」、「你在這裡待一下子就好」，可是對孩子來說，他們並不知道「很快」是多快？「一下子」是多久？因此，當媽媽認為自己「一下子」就回來後，孩子卻哭鬧著說：「妳不是說一下子就回來了嗎？媽媽最討厭了！」

當孩子提出需求時，很多父母會採取敷衍的態度應對。當我們對孩子說「下次再說」時，是否其實是因為不想對說出口的話負責呢？我們必須要釐清，自己是否是因為擔心無法做到，才會不願意正面回應孩子。成為父母之後，伴隨而來的是責任，父母也會因此變得更成熟。為了這份責任，即使再困難也必須堅持。

具體回應孩子的需求

那麼，面對孩子提出需求時，該如何回應才能建立親子間的信任感呢？

例如：當孩子在超市吵著要買玩具時，不要用「下次再買」敷衍帶過，即使需要花一些時間，也要耐心地向孩子說明原因。**先評估自己究竟會答應還是拒絕？**假如心裡想答應，但在現實考量下是沒辦法時，那麼就直接跟孩子說「不行」。但跟孩子說不行後，**更重要的一點是，**

誠實的跟孩子說明不行的原因。當媽媽的總是希望能盡可能滿足孩子的願望，即使現在做不到，但可以訂定一個明確的時間回應孩子，例如：「下個月你生日時再買給你」或是「聖誕節時再買給你當聖誕禮物」，之後務必要遵守和孩子的約定，孩子也能透過這個過程學會信任。

日常生活中與人相處時，我們經常會脫口說出：「下次有機會再約吧！」類似這樣的應酬話。然而，當我們從對方口中聽到這句話，或是自己說出這句話時，很多時候心裡其實都明白，下次再約出來見面的機率不高，也可能會有「這次見面大概是最後一次了吧」的想法。

但有些人卻會在說完這句話後，立刻掏出行事曆和對方約好下次見面的時間，對他來說，「下次有機會再約吧」這句話並不是隨便說說而已。對孩子也一樣，**當你同意孩子的要求時，要具體說明什麼時候能做到**。**如果同意是有附加條件的**，**也必須清楚跟孩子說明**。例如：孩子如果想買某樣東西，就必須存到一定的零用錢才能買，明確地回應孩子。不要用「下次再說」敷衍帶過，採取一致性的態度正面回應，才能為親子間的信任關係奠定良好基礎。

孩子在超市吵著要買玩具時，
不要用「下次再買」來敷衍帶過，
即使需要花一些時間，
也要耐心地向孩子說明原因。

媽媽的對話練習

當孩子耍賴或是提出某項要求時，先在心裡評估「可以」或「不行」，接著再向孩子說明原因。

1. 別跟孩子說：「下次再買給你。」

→「你下個月生日再買給你」或「聖誕節時再買給你」

2. 當孩子問：「媽媽，妳什麼時候回來？」

→「當時鐘的分針指到二和三中間，我就會回來了，但如果會超過時間，我會先打電話給你。」

04 幫孩子建立正確的概念

而不是用語言恐嚇孩子

不要用恐嚇的方式教育孩子，

要讓孩子透過獨立思考學習成長。

某天我和孩子一起逛超市，結果逛完超市搭車時，突然看見孩子在吃糖果，但我記得結帳時，我並沒有買糖果。於是，我問孩子糖果怎麼來的？他說他看到糖果掉在地上，就把它撿起來了。我不相信孩子的說法，仍然不停追問。孩子哭著說糖果真的是從地上撿到的，但我還是不相信，懷疑是孩子偷的，便生氣地對他說：「下次再這樣，我就帶你到警察局去，叫警察把你抓起來！」

雖然明知道教育孩子不該用這種恐嚇的方式，但我真的不知道該如何是好？

幼兒期的孩子處於自我中心階段，這時候的他們尚未發展出同理心，不懂得站在別人的立場為他人著想。他們的世界以自我為中心，認為所有東西都是自己的，同時當孩子在表達主權時，不會說「給我」，而是會說「給妍妍」，以第三人稱的方式來稱自己。他們也無法區分哪些東西是要花錢買的，不知道沒付錢直接拿走是不對的行為，只是單純憑藉著本能，看到大人不開心的神情，似懂非懂地知道好像不能拿。但有時候卻又會直接拿走自己想拿的東西，因為他們不知道這些行為會有什麼後果，只是很想要而已，心裡並沒有「偷竊」的想法。此時，如果媽媽勃然大怒斥責孩子，反而會讓孩子因為害怕而說謊。

當孩子拿走別人東西時，該怎麼處理？

當發現孩子擅自拿走別人的東西時，當下如果可以立刻處理，媽媽只需要以身教示範，告訴孩子怎麼做才對。要是媽媽無法控制自己的情緒，太過生氣或擔心，孩子反而會心生膽怯。因為當大人責罵孩子，或是反應太過激烈時，孩子就會本能的想要逃避。

當發生這樣的問題時，解決的方法其實很簡單。

首先，告訴孩子這個東西並不是他的，而是另有主人。孩子聽完後一定會嚎啕大哭，即便如此還是得要求孩子必須把東西還回去，但不是用處罰的方式來威脅他。重要的是要以正確的方式教育孩子，讓孩子知道不可以隨便拿別人的東西，拿了別人的東西得要歸還才行。

再來，先靜下心來，思考怎麼做才是正確的，並實際示範給孩子看。假如孩子在超市拿走了糖果，但當你發現時，已經離開超市一段時間了，此時可能會陷入天人交戰。雖然一樣會告訴孩子這樣是不對的行為，也會責罵孩子，但是要再折返回去，可能會覺得有點麻煩。因此，要先靜下心來，仔細思考評估，**怎麼做才是對的？什麼才是妳真正想教孩子的？**

兒子小時候，我曾帶他去某間親子餐廳。那間親子餐廳正好在幼稚園附近，所以我們常常去，兒子在那裡總是玩得很開心。但某天，在回家路上，我看到兒子手上似乎拿著什麼。確認後發現是一個很小的樂高積木人偶，我叫兒子把手上拿的東西拿給我看，但他卻猶豫不決，當時我心裡第一個冒出的念頭是「這應該是他從親子餐廳偷來的」。

於是，我問兒子這東西是怎麼來的？他告訴我這是他撿到的。我生氣地對他說：「這又不是你的東西，你怎麼可以隨便拿走？」在路上對他大發雷霆，要他說實話。但是，兒子仍堅稱這是他在親子餐廳地板上撿到的東西。

坦白說，在那一刻我遲疑了。「要這麼大費周章的折返回去，只為了還一個這麼小的玩具嗎？」同時，也說服自己，應該也有其他孩子會做這樣的事吧！但我最終還是帶孩子返回餐廳，並坦承的跟老闆說：「不好意思，這是我孩子在你們店裡撿到的東西。」並且當面斥責了孩子。當時的我，認為必須這麼做才行。雖然帶孩子把東西還回去這件事情做對了，但在路上對孩子發脾氣，讓他感到羞愧和恐懼這件事，卻讓我到現在都深感愧疚。

當孩子做錯事情時，有時可以立刻糾正孩子的行為，但有時情況卻不允許。**但無論在哪種情況下，教育孩子時不該過度情緒化，或讓孩子心裡產生罪惡感**。當媽媽發現孩子拿走別人東西時，難免會無助慌亂。「為什麼我的孩子會做出這種事情？我該怎麼辦才好？」這樣的想法在心中擴散開來，開始陷入焦慮，就可能會失去正確的判斷。

如果發現孩子拿走不屬於自己的東西時，請先蹲下來平視孩子，看著孩子的眼睛，以溫柔平穩的語氣詢問他。這時，孩子可能會回答：「這是我撿到的」、「有人不要把它丟在地上，所以我把它撿走了」。無論孩子怎麼回答，只需要告訴孩子這東西是別人的，要拿走別人的東西時，必須先經過對方同意，因為它可能對某個人來說，是很重要的物品。假如這個東西是大家一起玩的玩具，就跟孩子說等玩完之後，再一起放回去。

無論在何種情況下，我們的目的是給孩子「正確的觀念」，孩子是因為不知道才會這麼做，請不要以大人的標準來批判孩子，而是當作建立孩子「物品所有權」概念的機會。

為什麼孩子明知道不對還做呢？

如果孩子已經是小學高年級生，但卻依然不經他人同意而拿走對方東西，那麼就需要觀察孩子，是否是因為想藉由這樣的脫序行為來引起大人注意？因為此時的行為，和幼兒時期只是單純想吃糖果的本能反應不同，這年紀的孩子已經知道，不可以拿走別人東西，在法律上或道德上都是不對的事。但不管怎樣，還是要先同理孩子的情緒，進一步去了解孩子背後的動機。

我可以理解當父母發現孩子出現這樣的行為時，會感到害怕、擔心，此時此刻，父母必須先靜下心來，去思考孩子的動機，究竟孩子是想引起我們的注意呢？還是需要關愛？或是想要有人陪？我會這麼說，並不是允許孩子做出不恰當的行為，而是希望父母能先站在孩子的立場去同理孩子。這麼一來我們才能教會孩子正確的觀念。

媽媽的對話練習

當發現孩子偷偷拿走別人東西時，要如何與孩子溝通對話？

1. 如果發現孩子從其他地方拿走某件物品時，先問孩子這東西是哪來的？此時就算孩子辯解，也請耐心的聽孩子把話說完。

→「這東西好像不是媽媽買的，你可以告訴我你從哪裡拿到的嗎？」

2. 站在孩子的立場同理他的感受，接著告訴孩子拿走別人東西是不對的，再和孩子一起解決問題。

→「我知道你很想要這個東西，媽媽可以理解你的心情。但是如果你沒有經過別人的同意就拿他的東西，別人會覺得很難過。」

↓「那我們該怎麼做比較好？」

↓「現在跟媽媽一起回去跟老闆說對不起，把東西還給老闆吧！」

3. 再次告訴孩子，隨便拿走別人的東西是不對的行為，並告訴孩子下次該怎麼做才對。

↓「記得下次不可以再這樣隨便拿走別人的東西，如果想拿不屬於自己的東西時，一定要先問過別人，別人同意了才可以拿，知道嗎？」

05

告訴孩子誠實的重要

而不是訓斥孩子為什麼愛說謊？

身為父母的我們，都不希望孩子說謊，希望培養孩子誠實的美德。但諷刺的是，我們一面告訴孩子誠實的重要，卻又經常為了各種理由向孩子說謊。

誰都有可能說謊

我兒子小時候也常常說謊。在他小學一、二年級時，有一天老師打電話給我，告訴我兒子在學校動手打了某個同學。「媽媽，不好意思，這件事我在學校已經處理好了，但還是希望媽媽您能親自打電話給對方的家長，表示歉意。」

掛上電話後，我先問孩子事情的來龍去脈。兒子告訴我是對方先動手打他，他才還手的。

於是，我打電話給那位同學的母親向她道歉。「孩子還好嗎？應該很痛吧？真的很對不起！不過，我兒子說他是被打才會還手的，不管怎樣，還是希望他們之後能好好相處。」當我這麼說完後，那位媽媽也隨即表示：「不好意思，我不知道我們家孩子也有動手打人，如果真的是這樣，我也會再多加注意！」

但不到三十分鐘後，電話又響了。那位媽媽說她問了他們家孩子，但孩子卻說他並沒有動手打人，我轉頭又問了兒子一次，兒子聽完後立刻暴跳如雷，堅持說他自己也有被打。

接著，我跟對方媽媽說：「我兒子很肯定的說他自己也有被打，雖然不知道真相到底是什麼，但我相信我兒子說的話。」然後很不開心地掛上電話，同時心裡面覺得「什麼啊？妳的意思是說我兒子在說謊，你兒子說的才是實話嗎？」對此感到有些不悅。

但那天晚上，兒子卻告訴我，他其實沒有被打。我聽完後忍不住大聲對他說：「你怎麼不早點講？應該在我打電話前就跟我說啊！」當下，我心裡同時想著：「完了！這樣對方媽媽會怎麼看我？」於是，我靜下來認真思考該如何解決這個問題才好。那天，我告訴兒子：「每個人都可能會說謊，就連媽媽有時候也會說謊，但這是不對的行為，說謊可能會傷害對方，所以不管怎樣，我們還是得鼓起勇氣說實話，媽媽會陪著你一起勇敢面對。」我們又再次打電話給那位同學的媽媽，說出實話並向對方真誠道歉。

為什麼兒子明明知道說謊不對卻還是說謊呢？我想，應該是心裡覺得害怕吧！當我們出自本能的想保護自己時，可能會說謊；不想讓對方不開心時，也會說出善意的謊言；想要惡作劇開玩笑時，也可能說個無傷大雅的謊。有時候則是因為擔心說實話後，會有不好的結果，所以選擇說謊。由於我們認為說謊是不對的行為，因此當孩子說謊時，我們會感到擔心和不安，覺得必須立刻糾正孩子這樣的行為才行。

說謊是成長的必經過程

我家的孩子才三歲就會說謊了，每次出去外面走沒幾步路，就會馬上討抱抱。我因為手上還有很多東西，加上很累了，所以會跟孩子說：「沒有抱抱，要自己走喔！」想不到他居然開始裝模作樣，整張臉糾在一起，邊假哭邊說：「媽咪，我肚子痛痛！走不動了，肚子痛痛！」我看了實在是好氣又好笑，心裡覺得：「這孩子也太會演了吧？」

有時候雖然在大人眼裡，孩子看起來是在說謊，但在孩子的認知裡，卻有可能是真的。兒童發展心理學家李康（Kang Lee）認為，說謊其實是孩子成長的必經過程。就發展心理學的角度來看，孩子會說謊是大腦逐漸發展成熟的一項重要關鍵指標，表示孩子開始擁有揣測他人心意的能力，並且能掌控自己的言行和情緒。而這兩項能力，正是人一生中必備的重要能力。

揣測他人心意的能力

為什麼說謊跟揣測他人心意的能力有關呢？一般來說，我們之所以會說謊，都是在對方不知道事情真相的前提下。我兒子也是認為我不會發現他說謊，因此才沒有對我說實話，反而是揣測了我的想法，把自己塑造成是受害者。擁有能夠揣測他人心意的能力，並不表示就能區分是非對錯。不過，如果把這項能力用在對的地方上，就能夠洞悉別人內心的想法，是培養同理心重要的關鍵。當可以透過觀察去揣測他人的心情、理解別人的感受時，就能站在對方的角度去同理對方，也比較容易擁有良好的人際關係。

掌控自我情緒的能力

有些人喜怒哀樂全寫在臉上，光看表情，就可以猜出他此刻的心情。但有些人卻是喜怒不形於色，就算心裡不開心，外表也看不出來，可以掌控自己的情緒和行為，掩蓋此時的心情，就是一種自我情緒的管控。如果問孩子：「你功課寫完了嗎？」有些孩子可能會裝作若無其事，一臉淡定回答：「今天沒有回家功課。」有些孩子則會吞吞吐吐，滿臉通紅說不出話來。

如果孩子的反應為後者，父母很容易就能發現孩子說謊。但大多數的時候，卻很難分辨孩子到底是在說謊，還是說實話？因為孩子已經知道該如何掌控情緒，即使說謊也能面不改色，讓父母難以判斷。

那麼，究竟有多少孩子會對父母說謊呢？事實上，每個父母都會遇到孩子說謊這件事，不要把孩子說謊當作是罪大惡極或不可原諒的事。李康曾說過：「當孩子第一次說謊時，就表示他已具備了洞悉他人和掌控情緒的能力，要把它當成是一件值得祝福的事。因為這些都是孩子未來社交生活中，必須具備的能力。」

讓孩子擁有說實話的勇氣

如果說謊是孩子成長過程必經的階段，那麼為什麼有些孩子說謊後，會感到後悔而坦白；但有些孩子不管父母如何苦口婆心告誡誠實的重要，卻依然故我，不願意說實話？

孩子們對父母說謊，和我們在社會上所說的謊話，其實背後的含義不太一樣。有時候，孩子會因為不想讓父母們失望而說謊，孩子內心是渴望被愛的。雖然一開始可能是因為害怕而說謊，但從另一個角度來看，孩子是不希望父母失望，也會擔心父母因此而不愛自己。

我們總是不斷的告訴孩子，說謊是一件不對的行為，說謊的孩子是壞小孩。當孩子說謊時，我們可能會狠狠斥責孩子，甚至會加以威脅恐嚇，有時也會讓孩子覺得，自己可能會失去父母的愛，所以他們怎麼樣都不願說出實話。

但人最難能可貴的，就是擁有自我反省的能力。

當一個人懂得反省彌補自己的謊言，並對此感到愧疚，就代表這個人明白誠實的重要。他會去反省該怎麼做才是對的，真誠地向對方表示歉意，修正自己錯誤的行為。我們也可能會因為逃避責任而一時說謊，但過了一段時間便會感到後悔。為什麼會覺得後悔呢？因為良心發現自己這麼做是不對的，進而靜下來傾聽內在的聲音，回頭檢視誠實的重要。

那麼，到底什麼才是我們真正想教孩子的呢？與其告訴孩子說謊是不對的，說謊的孩子是壞小孩，更需要教孩子的是，誠實的重要性。每個人都有可能會說謊，為什麼有些人會回過頭反省自己的錯誤，然後鼓起勇氣坦白說實話？這件事不容易，但卻是勇敢的選擇。

孩子也跟我們一樣，說謊時心裡會感到不安焦慮。因此，身為父母的我們，要試著給孩子說真話的勇氣。可以告訴孩子：「每個人都有可能會說謊，但有時候謊言會傷害到別人，所以我們需要鼓起勇氣，坦承自己的錯誤。」如果只是一味責罵孩子：「下次如果敢再說謊，你就死定了！」反而會讓孩子錯過了反省改進的機會。

試著換一種方式對孩子說：「我明白你心裡很不舒服，如果你願意，可以跟媽媽說實話，媽媽會陪著你。」孩子聽完後便能感到安心。當孩子安心後，也才能找回親子間的信任感。孩子心裡會覺得：「如果我說實話，媽媽應該可以理解，也可以教我該怎麼做比較好。」這樣，孩子才有可能敞開心房說實話。當孩子害怕時，會選擇沉默；當孩子安心時，就會坦白。父母得要幫助孩子拾回勇氣，勇敢承認自己的錯誤。**教育孩子成為一個誠實正直的人，重點並不在於教孩子不能說謊，而是讓孩子明白誠實的重要，擁有能坦承面對錯誤的勇氣。**

媽媽的對話練習

1. 當發現孩子有可能說謊時，可以換另一種方式詢問孩子。

「你是不是在說謊？」

→「你說的內容跟媽媽知道的似乎不大一樣，媽媽有點搞不清楚了，你可以重新再跟媽媽說一次嗎？」

2. 當孩子鼓起勇氣坦白說實話時，向孩子表示謝意。

「你為什麼一開始不老實說呢？為什麼要說謊騙我？」

→「謝謝你願意鼓起勇氣跟我說實話，我知道這對你來說並不容易。」

3. 幫孩子找回勇氣，讓孩子明白誠實的重要。

「下次不可以再說謊了！」

→「每個人都有可能會說謊，但說謊會造成兩種不好的影響。第一，說謊時自己會感到不安；第二，說謊可能會傷害到別人。因此，鼓起勇氣說真話很重要，爸媽會陪你一起面對，在旁邊幫你。」

06 責怪孩子之前，先了解孩子想要什麼？

而不是說「你怎麼這麼不聽話？」

當孩子有自己的想法主見時，並不是孩子不聽話，是因為父母不懂得同理孩子的心情，試著包容接納孩子，其實，孩子本來就不應該「聽話」。

當遇到孩子叛逆期，老是故意跟父母唱反調，總是把「不要」掛在嘴邊時，會讓身為父母的我們感到心力交瘁。明明是孩子該做的事，卻不肯聽話，還故意任性耍賴，也會讓很多父母克制不住心中的怒火，對孩子大發雷霆。

不聽話是孩子的錯嗎？

當孩子不聽話時，父母經常會無意間脫口說出：「這孩子這麼不聽話，真不知道是像誰！」但這句話其實蘊藏了很恐怖的殺傷力。

小時候，每次爸爸罵我時，他都會說：「妳就是像妳媽才會這樣！」每當被打完一頓後，我看著鏡子中的自己，都會覺得很錯亂。心想：「為什麼我看起來明明是像爸爸，但爸爸卻說我像媽媽呢？還有難道像媽媽不好嗎？」事實上，爸爸會這樣，是和媽媽吵架後，把對媽媽的憤怒和失望的情緒，全部遷怒到我身上（轉移），然後又因為不想承認自己的錯誤，於是把錯誤都推給我（投射），才會動手打我。父親因為無法直接向母親表達自己的想法和感受，因此把這些情緒宣洩在年幼的女兒身上，在心理學上，把對A產生的情緒移到B身上，就是一種「轉移作用」。而父親又因為下意識地否認自己的錯誤行為，為了讓行為合理化，便把一切的錯誤推到我身上，這又是另一種心理防禦機制下的「投射作用」。

當你白天和朋友見面，聊完天後心情不是很好，回到家對孩子的態度會是如何呢？如果這天孩子沒有整理房間或是沒刷牙，你是不是會比平常更容易生氣。雖然另一方面也會覺得「要是你有乖乖把房間整理好，自己主動刷牙，媽媽會這麼生氣嗎？」但其實這是我們把自己不愉快的心情，轉移到孩子身上。

無論是轉移或是投射，其實都只是人為了保護自己而產生的心理防禦機制，這是一種本能反應，也是一種很自然的現象。但同樣是防禦機制，有些人無法察覺自己當下的情緒，是來自心理防禦機制的影響，有些人卻可以。

每個人活在這世上，都會為了保護自己，啟動對自己有利的防禦機制。問題在於，我們是否能有所察覺。當遷怒於孩子時，如果能馬上意識到「啊！我因為在外面受了氣心情不好，所以把氣出到孩子身上了。」若能發現這個問題，就會採取不同的做法，進而修正自己的行為。當父母能夠經常保持覺察，對孩子說話時，留心注意自己的言行，這麼一來對話就會產生不一樣的結果。但如果無法覺察，便會一直處在防禦的備戰狀態中，彼此的關係就無法轉化。

假如父母沒有察覺對孩子說話時，無意識的把自己的負面情緒帶到孩子身上，而且經常用這樣的方式和孩子說話，不僅會傷害孩子的自尊心，孩子長大後可能也會沿襲這樣的模式，不懂得為自己的言行負責，而是把責任錯誤都推給他人。當孩子犯錯後，你發現他不但反抗不聽話，還發脾氣任性耍賴時，身為父母的我們，可能要反省自己在和孩子說話時，是否在某種程度上也啟動了心理防禦機制？

孩子是獨立的個體

當仔細觀察孩子的行為時，會驚訝地發現孩子有很多跟自己相似的地方。雖然父母可能不願意承認，但大多數孩子的行為舉止，都是模仿父母而來的。孩子就像父母的鏡子，如果鏡子中照射出來的那一面，剛好是父母最討厭的部分，父母會極力想要否認，甚至會回過頭來對孩子加以斥責。那些對孩子說的話，很多時候聽起來都像是在對自己說。

我在進行親子溝通的課程中，常聽到父母說：「明明希望孩子不要像我這樣，但不知道為什麼他卻偏偏像極了我，每次看到他這樣，我會覺得很討厭，就像看到一個自己討厭的人，而無法進一步去理解孩子。」

另一種情況是，如果孩子個性的某部分，剛好跟另一半很像，而這部分自己又不喜歡時，也會對此感到鬱悶不已。

在決定跟先生結婚前，很喜歡他愛乾淨、會整理家務的優點。但結了婚一起生活後，卻發現這個男人每次只要去旅行，就得花一個小時以上收拾行李。到了旅行的景點，哪怕是只要發現睡覺的地方有一根頭髮，他就會無法入睡開始瘋狂打掃。我因為工作的關係，時常得到處旅行，早已練就了，不管到哪裡只要閉上眼睛就能睡著的功力，根本不會管到底髒不髒。

因此，看到先生這樣會覺得很難理解，甚至很受不了。沒想到，兒子居然跟先生一樣也有嚴重的潔癖。每次叫他東西隨便收一收趕快上床睡覺，卻總是堅持一定要整理乾淨才行。結果每天都花很多時間在打掃，讓我常常為了這件事和孩子生氣。

有很多父母也會提到手足間個性上的差異，明明父母的教育方式都是一樣的，孩子也都在同樣的家庭環境中成長，但個性卻完全不同，而且偏偏都像到爸媽個性上的某一項特質，實在是讓人想不透。

每當聽到這樣的話時，我都很想告訴父母們，與其花力氣去尋找孩子行為背後的原因，更重要的其實是接納與包容，這才是更有智慧更正確的做法。接納孩子的不完美，是父母給孩子最好的禮物，在接納中成長的孩子是幸福的。很多父母無法全然接納包容孩子，並不單單只是因為孩子做錯事，有時是孩子不願意按照自己的心意做。

不久前，我曾看到一則令人心痛的新聞。在某個偏鄉，有位國中生帶刀到學校去，砍了班上一位同學，受傷的學生有生命危險。新聞報導指出，該名施暴的學生平日在學校長期飽受霸凌，也曾找老師進行心理輔導，但卻沒有任何改善，於是才會帶刀砍傷霸凌者。雖然我們無法得知那位學生，過去遭受霸凌時，是否曾跟父母提及？平時和父母相處的模式又是如何？但站在第三者的立場來看，我們在看到類似這樣的事件時，很容易會脫口說出：「這孩子之所以會有這樣的偏差行為，一定是跟他爸媽學壞的！」

這句話其實對父母殺傷力很大，同樣為人父母的我們，更不應該對其他父母這麼說。因為無論是加害者或是受害者的父母，在遭遇這樣的事件後，心裡肯定都不好受，說這些話只會讓他們心裡更加痛苦。大部分的人，都會把孩子的問題行為，歸咎到父母身上，然而，孩子犯了錯並非全都是父母的責任，像這樣把錯誤都歸咎給父母，反而會加深父母的愧疚感。**重點並不**

在於把問題的責任歸咎到誰身上，而是去關懷受害者的心情，並且試著和孩子從「心」建立信賴關係，和孩子好好溝通，陪孩子一起面對問題，設法尋求更好的解決方法。

用理解取代批評

當孩子故意唱反調，大聲尖叫耍任性時，除了說「真不知道這孩子到底是像誰？怎麼這麼不聽話？這麼固執？」這樣的話之外，還有什麼其他方式呢？

其實，我們可以先冷靜下來，好好觀察孩子是否真的是在任性鬧脾氣？並察覺自己的情緒流動，看看自己是否真的看不慣孩子的行為？還是其實只是將心中不滿的情緒轉移在孩子身上？

如果孩子當下的行為並沒有立即的危險，也不會對別人造成影響，那麼就再思考看看，還有沒有更好的方法？或是其他的可能？進一步向孩子提出建議，和孩子好好溝通。在批評孩子之前，先努力嘗試理解孩子心裡想要的是什麼？用同理的態度取代批評的言語。

媽媽的對話練習

1. 當孩子在任性發脾氣時，不要急著打斷孩子的話，先讓他把話說完。

「你用這麼激烈的方式，是想告訴我什麼呢？」

「即使你不用尖叫，媽媽也會好好聽你把話說完的。」

2. 等孩子情緒穩定後，再試著和孩子好好溝通。

「媽媽覺得除了用這種方式外，應該還有其他更好的方法，你要不要也一起想想看？」

「媽媽跟你分享的這幾種方式，你覺得哪種方法最好？你先想想看再告訴我。」

「你不用尖叫的方式，好好跟媽媽說話，這樣對你才有幫助，因為這樣媽媽才能聽懂你到底想要說什麼？也才能夠理解你的想法。」

07

教孩子獨立自律

而不是跟孩子說：「你自己看著辦！」

當父母凡事都幫孩子做好，孩子會變得太過依賴，
唯有父母慢慢放開雙手，
孩子才能獨立、自律，真正的成長。

我曾聽過某位醫生說，很多年輕的學生患者是由媽媽陪同前來看診，陪同看診倒是無妨，但當他在確認孩子的飲食狀況，問孩子平常喜歡吃什麼時，大多數的孩子竟然都無法自己回答，反而轉過頭看著媽媽。這些孩子連自己喜歡吃什麼都不知道，還要回過頭來問媽媽。每次當他看到這些孩子時，都會忍不住替他們捏把冷汗。

在壓迫下長大的父母，也會用同樣的方式壓迫孩子。

身為父母的我們，雖然都在不同的家庭環境中成長，但相信從小到大，或多或少都曾經受到外在世界的各種壓迫。小時候，當我們想講話時，會被大人罵：「沒禮貌！小孩子有耳沒嘴」；當我們想哭的時候，大人會說：「不准哭！這又沒什麼好哭的」；當我們覺得委屈生氣的時候，會被要求：「不可以生氣」。在某種程度上，我們都是在壓迫中成長，無法好好的表達自己的意見，也沒有選擇權。當我們長大後，看起來似乎沒有人可以再像小時候那樣壓迫我們，但我們卻會自己強迫自己，而且也會不自覺的用同樣的方式對待孩子，說出同樣壓迫的話。而這也是親子溝通間最大的障礙，在溝通的過程中，會反應出我們內在的想法和潛意識。

我從小就無法自在地說出自己想說的話，因此長大後，當我在別人面前表達意見時，總是感到很不自在，會瞬間心跳加速。心裡想的是：「這我沒辦法，我做不到！」久了，個性就變得更封閉，別人也認為我是一個害羞內向的人。我根本不敢在別人面前表達自己的想法，但其實我的很希望能夠勇敢一些，每次看到他人侃侃而談的樣子，很是羨慕。

雖然並非每個人都是如此，但在壓迫或恐懼的環境下，會讓人無法好好發揮自己獨有的創造力，因為當人處在壓抑和恐懼的狀態下，為了保護自己，會自然的啟動自我防禦機制。

在團體生活中也是一樣。當老闆詢問大家意見時，很少有員工敢站出來，直言不諱地說出自己的想法。問他們為什麼不願意表達自己的意見？大多數會回答：「說了反而會給自己找麻煩」、「說了也是白說，到最後還不是按照老闆的意思做」、「聽話照做才能明哲保身」。

孩子們也是一樣。當孩子的意見經常被否定，久了也就變得不願意表達，不願意嘗試挑戰。個性會變得比較封閉，習慣躲在舒適圈裡。上述案例中的主角，因為從小就被剝奪說話的權利，所以長大後也變得不敢表達自己的意見。唯有和過去的自己和解，才能讓自己有所轉變。

無法自己做決定的孩子

最近有越來越多的孩子，凡事都要問父母。

「媽媽，我可以去上廁所嗎？」、「媽媽，我可以吃飯嗎？」、「媽媽，我可以玩這個嗎？」、「媽媽，我不可以玩這個嗎？」、「媽媽，我現在應該做什麼？」、「媽媽，我現在可以玩了嗎？」……

獨立自主的孩子比較有自己的想法，而個性依賴的孩子相對是比較被動順從的。在孩子成長過程中，要如何才能讓孩子在獨立與順從兩者之間取得平衡呢？

獨立或順從，難道兩者只能二選一嗎？

其實，每個孩子都是獨一無二的個體，與生俱來都有不同的個性特質和天賦，但因為父母沒有全然接納孩子如實的面貌，所以會試圖想把孩子塑造成父母想要的樣子，在過程中也會用自以為對的方式來強迫孩子，希望可以藉此幫助孩子找到自己的天賦和才能。然而，當父母越是刻意這麼做，反而會讓孩子離自己的天賦和才能越來越遠，也會漸漸失去自己的夢想。

那麼在教育孩子時，該如何拿捏好尺度呢？這個問題沒有正確答案。但很重要的一點是，父母要明白孩子終究會長大，父母必須要學會放手，才能讓孩子毫無顧慮的勇敢飛翔。

因此當父母發現孩子的個性太過依賴時，要回過頭反省自己平日裡是否對孩子干涉太多？有時候，我們會為了想保護孩子，對孩子設立了很多限制，希望教出有禮貌的「好孩子」，反而容易壓抑孩子的自然本性；又或者希望孩子能學會獨立勇敢，過分地放任孩子。無論父母出

每個孩子都是獨一無二的個體，
與生俱來都有不同的個性和天賦，
父母給予孩子最大的禮物，
就是全然地接納孩子如實的面貌。

發點為何，都需要檢視自己是否太過干涉孩子？有沒有透過溝通的方式，嘗試讓孩子自己做決定？大部分的父母，會習慣把自己的標準套用在孩子身上，因此無法接納孩子的意見和行為。

過去的我，也曾經用這樣的方式在教育孩子。某天，我的孩子問我：「媽媽，我可以去上廁所嗎？」當我聽到孩子這麼問的時候，心裡十分震驚，雖然我表面上回答孩子：「為什麼在家裡上廁所還要問媽媽？直接去就好啦！」但同時也在反省是不是對孩子限制太多了？才會讓他連上個廁所都要問我。我赫然驚覺，自己過去在言談中常常否定孩子的意見，對孩子有諸多限制，對此感到懊悔不已。從那刻起，我開始試著改變自己，學習尊重孩子的決定，並嘗試用不一樣的方式和孩子溝通對話。

當讀到這段話時，如果你心裡也一樣出現了：「怎麼辦？我們家孩子也是什麼事情都要問我！」這樣的聲音時，恭喜你有所覺察了！這是父母必經的課題，所謂的課題並不是要教孩子學會獨立，或是讓孩子聽話順從，而是要學習從中找到平衡，讓孩子能在依賴中獲得充分的安全感，再慢慢放手讓孩子獨立。

牽著孩子的手，陪孩子一起成長

每個孩子在學走路的過程中，都曾歷經過跌跌撞撞的階段。孩子學走路時，我們會牽著孩子的手，當他開始邁開步伐，搖搖晃晃地走幾步路後，我們會慢慢放開，但放開的手又會隨時在身旁保護，在孩子不小心跌倒時，立刻抱住他。孩子每一次的學習成長，都需要經歷這樣的階段，**用愛陪伴孩子，陪他建立足夠的安全感，再學會適時地放手**。

不要因為孩子個性太過依賴，而為此感到焦慮。換個角度來看，這也表示孩子和媽媽建立了緊密的依附關係。再試著協助孩子練習自己做決定，訓練獨立。如果平日裡習慣幫孩子打點好一切，總會認為孩子自己做不來，那麼請試著放手讓孩子自己來。當看到孩子個性軟弱的一面時，也不需要感到自責，責怪自己怎麼會把孩子教成這樣？更不需要去批評數落孩子。每個孩子天生都有與生俱來的特質，孩子可能只是比其他人稍微更敏感、謹慎一些而已。放下那些無謂的批判，用愛陪伴孩子，相信就能讓孩子在依賴和獨立中取得平衡，快樂的長大。

媽媽的對話練習

1. 要訓練孩子獨立，並不是一開始就什麼都讓孩子自己來，而是先試著從小事情開始，讓孩子自己做決定，並在一旁陪伴孩子適時給予協助。

「你自己來，你可以做到的！」

↓「來！試著從這裡開始練習自己動手做做看，媽媽會在旁邊陪著你。」

2. 當孩子獨立完成某件事後，給予孩子信心肯定。

「哇！你好棒！」

↓「媽媽在一旁看到你自己很努力完成的樣子，真的很感動，很為你感到開心！」（用肯定取代讚美）

08 讓孩子培養為自己負責任的能力

而不是指責孩子：「你怎麼老是被欺負？」

我家的孩子個性很軟弱，總是不懂得表達自己的意見，每次都傻傻的被別人欺負。有一天，我帶孩子去親子餐廳，當他在玩溜滑梯的時候，其他小孩一窩蜂衝過來，爭先恐後插隊搶著玩，他一直被別人擠到後頭，卻什麼都不敢說，只是畏畏縮縮地站在一旁。接著，後面又有其他孩子衝了上來，不小心推倒他，於是他便哭著跑來找我。每次發生這種事情時，我都不知道該怎麼做才好？又不能直接上前指責別人家的孩子，但心裡又感到難過，覺得「為什麼我家的孩子這麼笨，老是被別人欺負？」這種事情不只發生一兩次，當遇到這樣的事情時，我到底該怎麼做才好？

若有機會帶孩子到親子餐廳時，正是時候觀察自己的孩子與別的孩子如何互動。在親子餐廳裡，孩子可以和其他小朋友一起玩，媽媽們也可以坐下來喝下午茶，聊天分享育兒經，更可以從旁觀察，自己孩子如何與同儕相處。透過觀察孩子和他人互動，可以更加了解孩子的個性。雖然我們都會覺得，自己很了解孩子，但在過程中，有時也會看到孩子不同的一面。

無論是在餐廳、幼稚園或是上了小學，父母們應該都曾遇過孩子被別人欺負、東西被搶走，然後哭著跑來告狀訴苦的經驗。當父母看到孩子被別人欺負，心裡定會忍不住為孩子叫屈，不過明明很心疼孩子被別人欺負，但卻又口是心非地指責孩子。

「為什麼傻傻地被別人欺負？要學會反擊啊！你是傻瓜嗎？為什麼平白無故被別人打？為什麼不大聲說輪到你玩了？」

有時也會因為氣不過，直接去責罵對方的孩子，甚至可能會演變成媽媽們之間的戰爭，這樣的情形也不在少數。「拜託，可以叫你們家孩子排隊嗎？他老是插隊！」像這樣看到孩子受委屈後，直接衝上前去找對方家長理論，孩子在一旁看到了，想必心裡反而更加不安，說不定還會在旁邊安撫媽媽：「媽咪，沒關係，讓他先玩好了！」雖然當孩子攻擊性太強時，媽媽也會擔心，但和看到孩子老是被別人欺負相比，或許也會忍不住覺得：「寧願我們家孩子是打別人的人，也不願他是挨打的那個。」為什麼孩子無法勇敢表達自己的意見呢？

沉默與壓抑

你還記得如何擠蕃茄醬嗎？輕輕按壓瓶身時，番茄醬會緩緩流出來，但如果太過用力，番茄醬就會瞬間噴得到處都是。人心也是如此，適當的壓力會讓人成長，但當內心承受太大的壓力時，也會因為無法負荷而爆炸。

個性較為壓抑的人，如果經常被人使喚施壓，可能會出現二種反應。第一，表面上雖然聽話照做，但內心其實是壓抑的，當壓力來到臨界點時，反而會更激烈反抗，甚至可能產生報復行徑。第二，面對心裡強大的無力感，會乾脆自我放棄，跟行屍走肉一樣順從聽話。

當父母看見孩子個性太過軟弱、聽話順從、容易遷就對方、老是被別人欺負的問題時，我們該如何同理孩子，並從旁予以協助呢？雖然在別人眼裡，可能會覺得孩子聽話順從是件好事，但在媽媽看來，會不由得擔心孩子的個性，將來難以在險惡的世界中生存。我們該怎麼幫助孩子呢？

首先，父母們必須先回頭檢視，平常如何和孩子溝通？是不是經常對孩子說壓迫性的話？

例如：「玩具要跟別人分享」、「不可以打人」、「這又沒什麼大不了的」、「小孩子就應該要聽話」、「安靜，不要吵」、「你這樣別人會討厭你喔！」當孩子長時間聽到這樣的話後，久而久之，也會變得不敢真誠地表達自己的想法。

不久前，我曾去上過一門心靈成長課程。在課堂上，老師要我們分享「不知道為什麼討厭的東西」和「不知道為什麼喜歡的東西」，藉由這樣的方式，去找出在無意識中壓抑自我的部分，透過輕鬆的問句，讓我們重新探索自己的內在。像我不知道為什麼特別喜歡秋天，不知道為什麼特別討厭芹菜，當我說出這些話的同時，自己也覺得莫名奇妙而笑了出來。

然而，當這個練習做了一陣子之後，我才發現，其實根本就沒有所謂的「不知道為什麼」，每件事都有它存在的原因。當聽完其他同學的分享後，我想起了為什麼自己會討厭或喜歡這些東西的原因，內心的委屈油然而生，甚至產生憤怒的情緒。

在這個過程中，我同時也發現，自己原來也是用一樣的方式在壓迫孩子，經過反省後，我下定決心要改變。如果不希望十幾年後，孩子回想起來，也跟我一樣感到委屈憤怒，那麼就從現在起，開始改變對孩子說話的方式吧！

如果孩子的個性很喜歡說話，當他從小到大一直聽到：「你可不可以把嘴巴閉起來？為什麼這麼愛講話？吵死人了！」這樣的話時，那他長大後會變成怎樣呢？孩子可能會變得越來越不愛說話，即使有什麼話想說，也會忍住不說，這類的話聽多了，個性也會變得壓抑沉默。

當你發現**孩子總是壓抑忍耐時，就需要重新思考，自己平常對孩子的說話方式，是否就是造成孩子壓抑自我的原因？**

沉默與尋求認同

我家小孩不太會說自己想要什麼。平常和四歲的妹妹一起玩，會照顧妹妹，玩具也都會讓妹妹玩，我經常誇他乖巧懂事。別人每次看到他照顧妹妹的樣子，也都會誇他很棒。帶他到外面跟別人玩時，也都會很有禮貌讓別人先玩，經常獲得許多讚美。

然而，某天孩子的幼稚園老師告訴我，其實孩子心裡面並不是真的想要這麼做，他只是為了獲得大人的認同和讚美，才會如此表現。聽完老師的話，我心裡半信半疑，不相信老師說的是真的。於是，我問孩子：「你每次都讓妹妹先玩，你開心嗎？」孩子聽到我這麼問，居然整個人傻住了。

當我告訴他可以坦白跟媽媽說，媽媽會理解他的心情時，孩子才哭著點頭告訴我，他其實一點都不想這麼做。那一刻，我心裡對孩子充滿愧疚，緊緊地抱住孩子，跟孩子道歉。

孩子有時候會為了獲得父母親的關愛和認同，選擇當一個聽話乖巧的孩子。希望能被父母用溫暖的眼神再多看一眼，希望能多聽到父母充滿慈愛的話，因而刻意迎合討好父母，做一些讓父母開心的事情。但其實還有一件更重要的事，是孩子應該要學會「做自己」。

孩子必須要從父母的擁抱中獲得解放，我們要讓孩子明白，他們毋須刻意討好父母，讓他們相信不管他們是什麼樣子，一樣能夠獲得父母無條件的愛。要是孩子沒有意識到這一點，在成長過程中會一直活在別人的眼光裡。內心深處會有強大的不安全感，希望能夠被愛、被認同，而壓抑自己做一些不想做的事情，以為只有這樣做才會得到別人的愛。

「你再不乖，我就不愛你了！」就算父母沒有直接對孩子說類似的話，但也要留心是否讓孩子感受到像這樣「有條件式」的愛。

上述案例中的那位媽媽，在分享完她的故事後，含著眼淚說：「坦白說，我很喜歡看到老大讓老二的那種溫馨的畫面，所以某種程度上心裡很希望老大這麼做。每當孩子這麼做時，我都會刻意誇獎他，並告訴他我很愛他。當我這麼做的同時，也似乎在告訴孩子：你乖乖懂事聽話，媽媽才會愛你。一想到這樣，不由得對孩子感到愧疚。」

我自己有時候對兒子也會這樣。很多父母也都跟我一樣，其實明明心裡並不是這麼想的，但卻無法好好說出自己的愛。身為父母的我們，必須要靜下心來，思考自己是否做了哪些事，而讓孩子為了獲得認同刻意迎合？或是在某種程度上用條件交換的方式，驅使孩子乖乖聽話？以至於到最後，孩子壓抑自我，不敢表達自己的想法，這些都值得我們好好重新檢視思考。

沉默與性格

即便是同個父母生出來的孩子，個性也都大不相同。有些孩子對某事感到好奇時，在問題解決之前，會不斷纏著你問個不停；有些孩子會等你告訴他答案；也有些孩子會靜靜地跑去翻書，試圖自己找出答案。每一個孩子天生都有與生俱來獨一無二的性格，這不同之處就是上天賦予每個人的禮物，孩子帶著這份禮物來到這個世上，而父母所要做的，就是用心觀察並讓天賦好好發展。

如果孩子天生是一名給予者（Giver），當他在貢獻，或是幫助他人時，內心也會感到無比喜悅和幸福。假如有機會遇到為宗教奉獻的義工，問他們是否從小就喜歡幫助別人？助人時心裡是否感到喜悅？我想大部分的人都會真誠地回答：「嗯！幫助別人時，我感到很幸福。」

因此，當看到孩子老是遷就別人，讓別人佔便宜時，其實不見得是因為孩子心裡渴望獲得認同，或是想要獲得關愛，這樣的行為也並非是壓抑自我。可能孩子純粹只是因為真心不想跟他人計較，而且這麼做的同時心裡感受到喜悅。很多時候，孩子把東西讓給朋友時，內心是很幸福的。如果孩子的退讓是出自於真心，父母只需要在旁邊給予祝福，和孩子一同感受這份「給予」帶來的喜悅。或許孩子來到這世上的目的，就是為了帶給這世界溫暖的愛與純淨的光芒也說不定。

孩子為什麼會選擇沉默退讓呢？或許可以從上述這三種角度來思考。是因為自我壓抑？想要獲得認同？又或者是孩子天生個性的關係？但如果當孩子在遊戲時，被別的孩子推了一把，哭著跑來找你，可能就跟上述三種情形無關。

此時，如果直接回答孩子：「哭什麼哭？去跟那個人說啊！媽媽保護你，走！我們去找他理論！」孩子聽完後，可能會感到更不知所措。因為孩子在家裡都做不到了，更何況是在陌生的空間呢？那麼，該怎麼幫助孩子才好呢？試試看以下的做法吧！

媽媽的對話練習

1. 當孩子哭著跑來找你時，首先試著同理孩子的情緒。

→「你是不是覺得很難過？認為其他人應該要跟你一樣守秩序才對，對嗎？」

2. 如果孩子表示他想要自己處理這件事情時，請尊重孩子。

→「你想試著解決嗎？」

3. 按照大人的想法或教科書的內容，當孩子去跟不守秩序的孩子溝通時，對方應該要回答：「對不起，我錯了！」然而，現實情況是，對方可能依然故我。因此必要時，父母可以上前予以協助。

↓「哈囉？你很喜歡玩溜滑梯對嗎？不過，其他小朋友也跟你一樣，也都很喜歡玩溜滑梯，所以要排隊輪流玩，好嗎？」

4. 當對方聽完後如果真的這麼做時，請對他表示謝意。

↓「謝謝你願意遵守秩序。」

透過這樣的溝通方式，不只對孩子來說是種學習，對那位推倒別人的孩子來說，也是一次很棒的機會教育。因此，不要把孩子排隊守秩序這件事視為理所當然，當那個孩子願意改變自己的行為，開始排隊遵守秩序時，也要向他表示謝意，對他說聲：「謝謝！」接著，在旁邊稍微觀察一下，看孩子們之間的互動方式，再告訴孩子們：「嗯！沒錯，就是這樣，當大家都願意排隊守秩序，才能開開心心地一起玩喔！」

09 接納孩子的獨特性
而不是拿孩子跟別人比較

停止無謂的比較，學會欣賞孩子的獨特性，
孩子才能活出自己，綻放生命的光芒！

有一次，我和一群老師一起到育幼院當義工。其中一位老師，和一名國小一年級的孩子玩了一會後，突然問孩子：「你的專長是什麼？」孩子回答：「我會唱歌。」

在一旁的育幼院老師聽到後，便鼓勵孩子趁這個機會表演。於是，孩子靦腆地以美妙的聲音，唱了首歌給大家聽。當他唱完之後，眾人紛紛投以熱烈的掌聲。接著，剛剛那位老師又問另一個孩子：「他會唱歌，那你會什麼呢？」

孩子被這突然的問題嚇到，一時之間不知道該怎麼回答。這時候，剛唱完歌的孩子站出來說：「他腕力很強，比腕力常常贏喔！」

當下的我並沒有說任何話，但心裡卻一直有疙瘩在。在回程的路上，我依然惦記著這段對話，無法釋懷。

「他會唱歌，那你會什麼？」

當大人問孩子這句話的時候，是否也隱約帶著比較的意味？就連大人都渴望獲得他人的認同，對於從小無法跟父母住在一起的育幼院童們來說，內心更是希望能夠獲得別人的關愛和肯定吧！一想到這樣帶著比較意味的言語，孩子聽了心裡會有多難受？心情就變得更加沉重。

我們渴望被愛，因此在心裡會希望被認同。心裡會覺得：「如果我做了什麼很厲害的事，就會有人愛我。」這是很常見的一種有條件式的愛。但當我們用這種有條件式的愛在教育孩子時，某種程度上會讓孩子缺乏自我認同。然而，如果能換一種方式和孩子說話，不是問孩子：「你會什麼？」而是問：「你喜歡什麼？」把原本的問句改成「他很喜歡唱歌，那你喜歡什麼呢？」**當拿掉比較後，切換成另一種觀點，從孩子的興趣著手，就能從孩子的回答中，看見他們無比欣喜的笑容。**

從熱愛的事物中，發掘自己的興趣與熱情

我曾經去聽過柴可夫斯基的音樂會，那是一場是由五十名演奏者組成的團隊。指揮家站在舞台上，和大提琴手、小提琴手以及鋼琴家齊心協力共同譜出優美的樂章。整場表演超過兩個小時，但我卻一點都不覺得無聊，反而被舞台上的表演者們感染了熱情。在五十名演奏家中，其中有一名演奏者特別吸引我的目光。他是站在前排第二位的小提琴手，是一位年輕的男性。我之所以會特別注意他，是因為他凝視指揮家的眼神十分專注投入，而且隨著曲目的不同，臉上的表情也跟著轉換。沒輪到他演奏時，他便陶醉地聆聽別人的演奏，臉上有時漾起幸福的微笑；有時流露悲傷的表情；有時候則會認真看著台下的觀眾。當整首曲目結束後，台下的掌聲四起時，他也會將目光輪流停在觀眾及演出者身上，那眼神彷彿像是父母看著自己的孩子一般，充滿了愛與溫暖，露出了無比欣喜的笑容。

整場表演，我的目光都離不開那位表演者。跟我一起去看表演的好友，也忍不住在我耳邊竊竊私語，跟我說那個人演奏得很棒。

「你有看到那個人嗎？站在前排第二位的小提琴手，他好投入喔！」我說。

而友人像是老早就發現一樣，笑著告訴我：「我從剛剛就一直看著他了，原來老師你也在注意他啊？」

「對啊！看到他的表演，不自覺也被感染到那股熱情和動力了呢！」

說完，我和友人相視而笑。在表演結束之前，那位演奏者以百分百的熱情，全心投入在這場表演中，彷彿自己就是舞台上的主角，這樣的表演深深吸引著我。

孩子長大後會變成什麼樣的人？會從事什麼樣的職業呢？這似乎是我們難以預料的事。也正因為如此，許多媽媽會為此感到憂心，就連我也不例外。我也會為了兒子長大畢業後找工作的事情感到焦慮，甚至會害怕身為母親的我，為孩子做的是不是不夠多？然而，當心情越是焦躁不安，就越容易對孩子發脾氣，每天對孩子嘮叨個不停，互相消磨彼此的能量。

但如果仔細思考，什麼才是真正重要的呢？或許困擾就能豁然開朗。

「我希望孩子過著什麼樣的生活呢？」

答案肯定是希望孩子能夠過得幸福。

比起孩子將來從事什麼職業，更重要的是，他是以何種態度和心情在工作？是否百分百全然投入？是否真心喜歡這份工作？當我們看到孩子充滿熱情做某件事時，也會不由自主地被感染那份快樂，不是嗎？

踏入社會工作後，我見過很多所謂的成功人士，但從他們身上感覺不到幸福。他們雖然事業有成，卻錯過許多人生中美好的事物，徒留無止境的遺憾和懊悔。甚至有些人拚了命的工作，整天忙著賺錢，卻連幸福是什麼都不知道。我不希望孩子將來長大後，也像那樣行屍走肉般地過生活，殷切期盼兒子能夠跟舞台上那位小提琴家一樣，充滿熱情和動力，去做自己真心喜歡做的事情。我想，應該有很多媽媽都跟我有同樣的想法吧！

全然接納孩子與眾不同的特點

不知道從什麼時候開始，我們對「幸福」的定義似乎有一套既定的標準，認為只要跟「誰誰誰」一樣，就是所謂的幸福。為了成為心中的那個「誰誰誰」，不停地與人競爭比較。有時候，那個所謂的「誰誰誰」也演變成某種標準，一旦沒有達到那個標準，就會擔心旁人及社會大眾的目光。

「別人都在念大學，你怎麼不念？」

「別人都在找工作，你怎麼還在家裡無所事事？」

「別人都結婚了，你怎麼不結婚？」

起初，聽到這些話時，會認為是說話的人有問題，但時間久了，也會不由得開始自我懷疑起來，檢討自己是不是真的哪裡做錯了？是不是應該做些什麼才對？心情也變得焦慮起來。

對孩子來說又是如何呢？縱使我們並沒有真的拿孩子跟「誰誰誰」做比較，但也會在心中設定一套自己的標準，覺得孩子應該要到達某種程度才行。

念書的時候，有一位同學因為太愛講話經常被老師罵，但他的父親卻總是支持他，並且告訴他：「愛講話是一種才能，當你在別人面前可以滔滔不絕講個不停，就表示你是一個充滿熱情活力的人。越常在別人面前說話，越能練習語言表達的能力，同時這也是在對自己說話，可以學會對自己說的話負責任。」

後來那位朋友成為了一名律師。過去即使他常被老師罵、被比較、被貶低，但他的父親都無條件地支持他。也正因如此，他才沒有被這些批評否定打敗，反而把別人眼中的缺點，當成自己的優勢，不斷努力。希望所有和我一樣的母親們，都能夠陪伴孩子找到他們的天賦，不要揠苗助長，讓孩子失去原本該有的熱情。

也許我們從小到大也都是這樣，一路被比較過來的。但等到我們為人父母後，要學會尊重每個孩子的獨特性，不拿孩子跟別人比較，當然這並不是件容易的事。**為人父母的我們，要清楚明白，每個孩子都有他自己的成長步調，和與生俱來獨特的天賦和才能，來自不同的社會、環境、家庭背景的孩子，自然也會有不同的個性，興趣也大不相同。**過去的我們從來沒有學會真正為自己而活，按照自己的喜好興趣，選擇過想要的人生。因此我們才會不斷迎合別人的要求，試圖透過這樣的方式，在人際關係中找到自己存在的價值感。

把焦點擺回孩子身上

當看到自己的孩子比別人家孩子優秀時，父母當然會為孩子感到驕傲開心。但如果能不跟別人家的孩子比較，而是把焦點擺在孩子個人的成長上，不在乎結果，更重視過程中的點點滴滴，在過程中能發現更多樂趣。若真要比較的話，比較的對象也不該是其他孩子，而是讓孩子跟過去的自己比較。

星星之所以璀璨耀眼，
並不是和其他星星比較，
孩子也一樣，
每個孩子都是天上獨一無二的星星，
綻放著屬於自己的光芒！

回顧我們過往成長的過程，耳邊總是充斥著批判比較的話語，到頭來才發現，自己總是盲目追隨別人的腳步，不自覺也經常拿自己跟他人比較，活在別人的期望下，終其一生都在過著別人的人生。為了迎合社會期待，跌跌撞撞滿是傷痕，當回頭細數那些無數的挫折無奈時，心中更是下定決心，不再讓孩子過著和自己一樣的生活，不希望孩子的成長過程中，再經歷同樣的無力感和挫折，學習尊重孩子的獨特性，讓孩子按照自己的步伐前進，陪伴著孩子一同成長。

相信每個媽媽都希望孩子能擁有和自己不一樣的人生，不是嗎？那麼，就先從我們自己開始改變，放下那些無謂的比較，接納孩子的不同。就好比天上的星星一樣，每一顆星星都是那麼的不同，卻又是那麼的光芒奪目。在浩瀚的宇宙星空下，不可能只有一顆星星，那豈不是太孤單了嗎？星星之所以璀璨耀眼，並不是因為和其他星星比較，孩子也一樣，每個孩子都是天上獨一無二的星星，綻放著屬於自己的光芒！

媽媽的對話練習

讓孩子跟過去的自己比較吧！從旁給予孩子協助，讓孩子成長，不是要拿孩子跟別人比較，而是直截了當地告訴孩子該怎麼做才對。從今天起，全然接納孩子原本的面貌，將孩子視為獨立的個體，尊重孩子的獨特性。當孩子表現不如預期時，也請試著轉念，換個角度和孩子對話。

1. 停止批評、比較，直接告訴孩子這麼做的重要。

「都已經念小學高年級了，刷牙還要人催嗎？」

→「為了口腔的衛生保健，刷牙是很重要的。」

2. 放下社會期待的標準。

「都已經念小學高年級了，還沒辦法自己睡嗎？」

↓「我知道你一個人睡會覺得害怕，這是很正常的，媽媽該怎麼幫助你？讓你可以開始練習一個人自己睡呢？」

3. 肯定、鼓勵、相信。

肯定孩子：無論孩子目前表現如何？都予以肯定支持。

鼓勵孩子：嘉許孩子過程中所做的努力。

相信孩子：相信孩子百分百全心投入，盡全力做到做好。

「都已經上國中了，你怎麼連三十分鐘都無法專心念書呢？」

↓「我明白對你來說專心並不是件容易的事，但很謝謝你願意努力嘗試改變。」

「你難道不能再做得更好嗎？」

↓「謝謝你的努力」

4. 當遇到問題時，試著幫助孩子，找到更好的解決方法。

「你怎麼會考這麼差？」

→「我們一起來想想看還有什麼方法可以改善？」

5. 不拿孩子跟別人比較，而是讓孩子跟過去的自己比較，並和孩子一起找到更好的解決方法。

「下次一定要考到九十分以上才行！」

→「我們來試試看，每天多增加十分鐘的念書時間，一星期後看這樣的方法是不是有幫助？」

10 每一次犯錯都是成長的機會

別指責孩子：「媽媽早就跟你說過了吧！」

當媽媽對自己寬容一點，允許自己犯錯，
當孩子犯錯時，也才能以溫柔的心寬容孩子。

不久前，我從濟州島辦完事情回來，當飛機抵達金浦機場後，我去了一趟洗手間。排隊時，前面站了一對母女，當他們進去後，剛好隔壁間也空了出來，於是我進了他們隔壁的廁所。當我正要開門走出來時，正巧聽到外面傳來那位媽媽高亢的聲音，她「啊」的尖叫了一聲，我正想著她是不是受傷時，隨即又傳來她近乎尖叫般的斥責：「妳知不知道這樣媽媽會很痛？」女兒聽到後，語帶愧疚的回答：「媽媽，對不起！妳很痛嗎？」想不到，那位媽媽隨即又拉高音量大喊：「當然痛啊！媽媽不是叫妳要小心一點嗎？妳這孩子怎麼這樣？真的是！」

母親的話字字句句都用尖銳高昂的聲調吼著。那聲音就連在一旁的我，聽了也覺得很不舒服。當我走出化妝室後，其他人你一言我一語的說：「哎唷！妳這樣孩子會嚇到啦」、「孩子又不是故意的，幹麼那麼激動？」雖然我並沒有看到實際的狀況，但當下也認為當孩子犯錯時，這麼大聲責罵孩子，反而會讓孩子更不知所措。

孩子為何老是犯同樣的錯誤呢？為什麼當孩子又犯了同樣的錯誤時，我們會特別生氣？

其實我們都知道，當孩子不小心做錯事情時，應該要如何跟孩子溝通，對孩子才真正有幫助。當別人家的孩子做錯事時，也較能夠寬容以待。但當自己的孩子做了一些不好的事，或是同樣的錯誤一犯再犯時，明明比任何人都還要愛孩子的我們，卻會以最激烈、最不成熟的方式責罵孩子。我這麼說並不是要批評指責任何人，而是希望父母們能夠明白，當孩子犯錯，或是想要讓孩子改掉某種行為時，關鍵在於大人的應對方式，而這方式對孩子的身心成長，有很重要的影響。

別用情緒性字眼責怪對方

如果某人總是用情緒性的字眼，頤指氣使地對我們說話，當我們聽到這樣的話時，心裡很自然會產生抗拒。但又怕惹對方生氣，所以會習慣以敷衍的方式應付，態度也會變得較為被動。久了，會對所有的事情都失去動力，效率也會跟著大為降低。

1. 抗拒感

相信大家都曾有過這樣的經驗，小時候正打算要認真念書時，要是媽媽剛好在耳邊嘮叨：「還不快點讀書？你到底知不知道明天要考試了？快點進房去！」一瞬間就會變得一點也不想念書，心裡感到莫名抗拒，即使坐在書桌前，也很難集中精神靜下心來讀。這樣的情形不只是發生在孩子身上，大人也是如此。**當對方越是用強硬的態度指使我們做事，心裡會越想反抗，就算表面上服從照做，也不會有熱情或真心感到開心。**

2. 逃避退縮

當孩子犯錯時，如果父母對孩子大發雷霆，以情緒性字眼責罵孩子，不只會讓孩子心裡產生抗拒感，甚至會讓他們感到恐懼不安。當孩子心生恐懼時，說話的聲音會變小，行為也會變得畏縮，凡事看別人臉色行事，也不敢做任何新的挑戰。就像公司老闆的個性如果強勢愛罵人，辦公室的氣氛也會變得沉默凝重，同樣的，如果父母總是以強勢的態度對待孩子，孩子也會變得不敢嘗試挑戰新事物。凡事小心翼翼，刻意迎合父母的要求，即便有什麼創意的想法，也不敢說出來，而漸漸失去原有的創造力。因此，無論是老師或是父母，都要記得在和孩子溝通時，必須「視人為人」，而非「視人為物」，要以同理心對待孩子。

孩子年紀還小時，有一次他不小心在餐桌上打翻牛奶，結果牛奶都滲進桌上的玻璃墊下。由於這地方很難清理，當下我忍不住怒斥孩子：「媽媽不是跟你說過，叫你要小心一點嗎？下次不准再弄倒了！」等冷靜之後，我回頭想想，這似乎沒什麼好生氣的。但當時，我卻歇斯底里地對孩子大喊，就連孩子拿衛生紙來說他要自己擦乾淨，我也激烈的回他：「走開！你離遠一點！」

結果，從那以後孩子就再也不喝牛奶了。當時的我並不知道，原來他是因為害怕自己又再次打翻，所以決定不再喝牛奶。一想到這，我的心裡就充滿愧疚。

讓孩子在錯誤中學習成長

當孩子犯錯時，請試著去理解孩子的心情。事實上，孩子正是在一次又一次的錯誤中，不斷學習成長的。孩子手腳協調的能力不如大人，需要不斷練習才能進步。不過，因為這些事情對大人們來說，都是很簡單的小事，因此當覺得孩子怎麼連一點小事都做不好時，就會很心急地指責孩子：「你怎麼那麼不小心？」其實，父母必需要允許孩子犯錯，因為就連大人們，也會經常不小心做錯事，不是嗎？

像我最常對兒子說的一句話就是：「把你的東西收好！」但其實我自己也經常丟三落四，東西到處亂放，常常想不起來東西放在哪邊，甚至明明就正用手機講電話，還一直在找手機在哪裡？但如果同樣的情形發生在孩子身上，就會火冒三丈難以忍受。人非聖賢，孰能無過，每個人都會犯錯，孩子也是一樣，當能夠理解這件事時，自然就能以同理心來包容孩子。

大多數的人大部分都是「寬以待己，嚴以律人」，如果我們能夠以對待自己的方式，試著對人寬容一些，理解孩子有時候犯錯並不是故意的，當孩子不小心做錯事時，就能以柔軟的心對孩子說：「每個人都可能會不小心犯錯，我知道你不是故意的。」我們說出口的每一句話，都反應了我們的想法。**若我們時常保有一顆包容的心，寬待自己也寬待別人，就能夠更貼近孩子的心，當孩子犯錯時，也才能真正做到無條件地接納與包容。**孩子將來長大後，是否能夠懂得同理包容別人？或是因為害怕犯錯而變得膽怯畏縮？取決於我們用何種方式來對待孩子。

不要扼殺孩子的成長

某天，孩子最喜歡的娃娃被家裡的狗狗咬壞了。當孩子看到娃娃支離破碎的樣子時，忍不住嚎啕大哭。雖然我心中閃過的第一個念頭是：「是你自己把娃娃放在狗狗咬得到的地方，你自己也有責任。」但看到孩子實在哭得太傷心了，便對孩子說：「不要哭了，媽媽再買一個新的給你就是了。」我這麼說是想安撫孩子的情緒，讓他不要再哭了，但後來卻發現，這麼做其實是在打斷和干涉孩子。讓他無法完整體驗到失去心愛物品時的感受，也剝奪了孩子為自己行為負責任的學習機會。

當孩子犯錯時，用威脅恐嚇或是批評責罵的方式，會讓孩子心生畏懼。但**如果總是對孩子說：「沒關係！媽媽來弄就好。」急著幫孩子解決問題，其實是在扼殺孩子的成長。**

明明是孩子的錯，媽媽卻幫孩子處理解決，會讓孩子變得更加依賴，也可能會讓孩子誤以為這是媽媽的責任，而錯失了為自己的錯誤負責的學習機會。

那麼，當孩子做錯事情時，該如何應對處理呢？

讓孩子自己尋找解決的方法

當理智線突然斷線時，我們可能會克制不住怒火，但對孩子吼叫後，卻又馬上對自己的行為感到後悔。於是會開始試著去學習一些教養的方法，調整自己的方式，就連身為父母的我們，也是在錯誤中學習成長。

其實，每個人都擁有面對自身錯誤的能力，都知道應該要如何解決。最重要的是反省和覺察，反省自己的錯誤後，在心中做出選擇，接著付諸行動來解決問題。孩子們也一樣，當遇到問題時，他們也會有能力，自己尋求解決的方式。當孩子犯錯時，稍微給孩子一些時間思考，讓孩子們自己想辦法解決。**我們所要做的事情，並不是直接告訴孩子該怎麼做，而是透過有力的提問，激發出孩子的能力，讓孩子自己想出解決的方法**。

當然，這個方式並不適用在緊急的狀況中。例如：當媽媽正在廚房炸東西時，雖然已經告誡過孩子很多次：「廚房很危險，去別的地方玩！」但孩子不聽，正好碰撞到鍋子的手把，被濺出來的油燙傷時，當然就不可能問孩子：「你不小心被燙到了，你覺得該怎麼辦呢？」

像這樣的情況，一定是立刻採取緊急救護措施後，馬上送醫治療。但如果孩子只是不小心打翻牛奶，像這樣沒有立即的危險或是緊急的狀況，就可以給孩子處理的時間，讓孩子學會為自己的錯誤負責。

「不小心打翻牛奶了，你覺得該怎麼辦呢？」

「應該要擦乾淨。」

「那邊有抹布，你可以拿過來自己擦乾淨嗎？」

當孩子不小心做錯事時，可以用這樣的方式和孩子溝通。每一次犯錯，都是孩子學習成長的機會，讓孩子勇於為自己的錯誤負責任，培養孩子獨立思考和解決問題的能力，這是相當重要的。當開始用這樣的方式和孩子溝通後，你會驚訝地發現，孩子其實很有自己的想法，也具有處理問題的能力喔！

如何讓孩子不要一錯再錯

如果孩子同樣的錯誤老是一犯再犯，對孩子說：「我跟你說過多少次了？」、「你要我說幾次你才聽得懂？」像這樣的話，其實對孩子毫無幫助。這時候，應該要看著孩子的眼睛，告訴孩子這件事情的重要性。

不過，與其在孩子犯錯的當下立刻對孩子說教，倒不如等過一段時間，讓自己的情緒沉澱下來後，再好好地和孩子溝通，可能會比較有效。因為當事情發生的當下，我們很有可能會習慣性說出，像「我跟你說過很多次了！」這樣效果大打折扣的話，當這些話一說出口後，反而會導致接下來的溝通無效。

例如：和孩子一起搭手扶梯下樓時，正要告訴孩子小心站穩扶好，孩子卻突然玩了起來，原先的擔心可能會瞬間轉為怒火，而忍不住對孩子大聲斥責。然而，如果這時候能先讓情緒稍微緩和一下，不用責罵的方式，而是事後再把孩子叫到跟前，專注地看著孩子的眼睛對他說：「寶貝，你過來媽媽這裡，剛剛我們一起搭手扶梯時，你這樣玩，是非常危險的事。搭手扶梯時，應該要扶好站穩，當手扶梯抵達時，踏出的那一步更是要小心。要記得，這件事情非常重要，因為是關於你的安全，媽媽很在乎你的安全，下次再跟媽媽一起好好練習好嗎？」

先告訴孩子為什麼這件事情這麼重要？說話的同時，也務必要專注地看著孩子的眼睛，讓孩子能夠感受到這件事情的重要性。和孩子溝通時，請先暫時放下手邊的事情，與孩子的眼神平視，告訴孩子：「這真的很重要！」

當然，並不是每次都能像這樣和孩子溝通，因為媽媽也會有很累的時候，當處在心力交瘁的狀態下，孩子哪怕是犯了一點小錯，都有可能會成為壓垮媽媽的最後一根稻草，讓媽媽的理智線瞬間斷線。不過，我們跟年幼孩子不一樣，有照顧自己的能力，當身為母親的我們，能夠好好照顧好自己、好好愛自己時，心境上也就能夠有餘裕去理解包容孩子。

媽媽的對話練習

當孩子犯錯時，試著用下面的方式和孩子溝通吧！

當孩子不小心打翻水時

1. 以同理心接納孩子。

「媽媽不是跟你說過要小心一點嗎？」

→「每個人都會有不小心的時候。」

2. 和孩子討論該如何處理。

「去拿抹布過來！」→「你覺得該怎麼處理比較好？」

3. 若孩子沒有想法，可試著提出建議；若有請給予孩子鼓勵。

「你先到旁邊去！」

↓「你拿衛生紙過來了啊！很棒，試著自己擦擦看吧！」

↓「因為水太多了，用抹布擦可能會更好，你可以拿抹布過來嗎？」

當想告訴孩子某件事情很重要時

1. 告訴孩子這件事情的重要性。

↓「媽媽要跟你說一件很重要的事情」

2. 暫時放下手邊的事情，專心看著孩子的眼睛，對孩子說話。

↓「看著媽媽的眼睛，媽媽想告訴你在人多的地方，說話要小聲一點，要小心慢慢走，不要用跑的。」

3. 請孩子重述自己剛剛說的話。

「媽媽剛剛跟你說什麼？還記得嗎？可以試著說說看嗎？」

11 教孩子比罵髒話更好的宣洩情緒方式

而不是只跟孩子說：「不要罵髒話！」

幫助孩子理解自己真正想要的是什麼，
就能讓孩子減少用罵髒話來發洩情緒。

我非常討厭人說髒話，可能是因 小時候經常聽到爸爸說，那段過往的回憶太痛苦，便在心裡下定決心，這輩子絕對不說髒話。也因為如此，我特別討厭把髒話掛在嘴邊的人，如果身邊有朋友喜歡在言談之中，半開玩笑的把髒話當成是語助詞，我也會不自覺默默遠離那些人。無論對任何人，即使是開玩笑，我也絕不會說髒話。我認為罵髒話就跟說了讓別人感到不舒服的話一樣，是一件不好的事。

每個人個性的形成和發展的方式都不同。

第一種方式，是由心理學家亞伯特．班度拉（Albert Bandura）所提出的社會認知理論，其論述指出，人的多數行為是通過觀察別人的行為而習得的，也就是說孩子會根據後天觀察學習，形成個性的一部分。

第二種則是對所看到、所聽到的事物產生一種抗拒感，心裡會有「我以後絕對不要變成那樣」根深蒂固的想法，因而形成另一種截然不同的個性。

第三種個性形成方式是最成熟的一種，那就是「有意識的選擇」。雖然心中對暴力和髒話有莫名的抗拒感，但也會試著去理解其背後的原因，並重新做出選擇，這就是一種轉化的方式。當察覺到：「原來我會這麼討厭髒話，是因為受到父親的影響，但這樣其實是不好的。」再進一步思考：「那我該怎麼做比較好？」透過察覺，做出有意識的選擇，這是最健全也是最有智慧的一種方式。

孩子「出口成髒」的理由

為什麼孩子會罵髒話呢？

1. 為了拉近同儕間的距離

2. 對時下流行用語很敏感，覺得身邊的人都這樣說，自己也必須透過這樣的方式才能跟其他朋友交流。

3. 因為心裡很難過。有時候，為了讓對方痛苦，或希望對方能理解自己的痛苦，也會用說髒話來表達。

4. 為了虛張聲勢，讓別人覺得自己很厲害

5. 為了引起他人注意，或是因為受了委屈，認為說髒話可以讓別人明白自己的感受。

6. 有些孩子會從父母那裡學會罵髒話，但也有從別的大人或電視媒體聽到後，學習模仿而來的，學習模仿的對象不一定是父母。

另外還有一種說法是，小學高年級的孩子們喜歡說髒話，是因為受到青少年生活的次文化價值觀所影響，他們並不會對所有人說髒話，只會在朋友同儕間把髒話當作口頭禪，藉此增加彼此的親暱感。我兒子也曾表示，希望我不要對他說髒話這件事太過敏感，這只是一種朋友間慣用的說話方式。尤其是在男性同儕間，髒話次文化的影響更大，會認為男生說髒話看起來比較有男子氣概。

父母也不妨檢視一下，是否也曾灌輸孩子性別偏見的思維？為什麼明明小時候，兒子可以很自然地說出：「媽媽，妳怎麼了？」、「媽媽，我愛妳！」像這樣的話，但長大後卻變得不擅於表達情感呢？倘若父母也認為「男生應該要有男生的樣子」、「當哥哥要勇敢，才能保護弟弟妹妹。」並這樣教育孩子，孩子長大後，也容易下意識刻意武裝自己，不輕易表達自己的情感。像這樣根深蒂固的性別偏見，也會讓個性溫柔的男孩，在學校容易被其他男同學排擠。「你這樣一點都不像男生」、「你去跟女生玩好了！」以至於孩子會認為罵髒話是一種男子氣概的表現，讓自己透過罵髒話的方式，融入團體生活中。

一想到現今社會中，依舊存在著像這樣的偏見，實在令人感到心寒。

想罵髒話，卻不想聽到髒話的心情。

隨著社群通訊軟體的發達，孩子們可以迅速地透過手機，接觸到各種影音資訊，也很容易就學會網路流行用語或一些較為粗俗的話。當孩子處於語言爆炸期時，越是刻意禁止他們說這些話，反而越會誘發孩子的好奇心。然而，當孩子是因為好奇心或是為了好玩，偶爾一兩次脫口說出一些不雅的話，跟孩子在盛怒之下或是傷心難過時，大聲尖叫對人罵髒話，是完全不一樣的。

我兒子上小學的時候，他曾和班上同學大吵一架。起因是因為同學對他罵髒話，他氣得火冒三丈便和對方吵起來。之後，我對兒子說：「就算朋友對你罵髒話，你也不見得一定要反擊罵回去啊！」兒子聽完不以為然，立刻回我：「媽媽妳是女生所以不懂男生的世界，如果別人罵我，我不罵回去，會被別人當成是笨蛋！」

於是，我繼續接著問兒子：

「班上的同學都會罵髒話嗎？是不是也有人就算被別人罵髒話，也一樣不會罵回去？難道他們看起來像笨蛋嗎？媽媽也一樣，如果別人罵媽媽，媽媽不會反擊罵回去。這樣一來，對方會自覺無趣而不再罵髒話。我認為不罵髒話的人，別人反而比較不會對他罵髒話。你覺得呢？」

兒子雖然表面上認同我說的話，但實際上似乎沒有任何改變。

人們都不喜歡聽到髒話，但卻會因為一時生氣或想讓對方生氣等各種理由而說。**但我們必須要讓孩子知道，有些人並不會因為聽到髒話而受到影響，不說髒話的人，相對來說比較不容**

易被別人罵髒話。雖然有時候對方可能會為了故意惹你生氣而說，但若不予以回應，對方自然會覺得無趣，而減少罵髒話的行為。

教孩子用正確的方式宣洩情緒

「髒話」本身代表什麼樣的含義？「髒話」是一種拿別人的痛處開玩笑，讓對方名譽受損的言語。也是一種帶有嘲諷侮辱意味，讓別人聽了覺得難受的話。

那麼，「笨蛋」算髒話嗎？對有些人來說，「笨蛋」是一種親暱的表現，具有純真善良的意思，但對某些人來說，「笨蛋」可能是具有殺傷力的言語。那「小屁孩」呢？如果問小學高年級的孩子們，他們聽到「小屁孩」會覺得是髒話嗎？對他們來說，這是一種男性友人之間表示友好的一種稱呼。

因此即使是同樣的話，在不同的狀況下，由不同的人說出口，就會有不一樣的結果。舉例來說，當兒子對我說：「媽咪是笨蛋！」時，我聽了並不會生氣，反而會覺得很可愛。因此，髒話的判定標準因人而異，是個人的主觀想法。

重要的**並不是說出口的那句話究竟是不是髒話？而是聽到這句話的人心裡有什麼樣的感受？如果對方不喜歡聽到某個詞，對他而言，那個詞與髒話並無兩異。說出口的話如果會讓對方覺得不舒服，就必須立刻修正這樣的用語。**說出口的人不是反駁：「我不是這個意思，你為什麼要這麼想？」而是應該說：「對不起，如果這句話讓你覺得不舒服，我下次會注意！」

對孩子們也一樣，假如孩子對你說：「我不喜歡媽媽罵我笨蛋！」請不要跟孩子說：「那有什麼關係？媽媽覺得笨蛋很可愛啊！」而是應該告訴孩子：「原來你不喜歡我跟你開玩笑，說你是笨蛋啊！那你可以告訴我，為什麼你這麼討厭別人說你是笨蛋嗎？媽媽下次怎麼叫你比較好？」這樣才是良好的溝通方式。

同樣的，假如孩子並不是因為好玩或好奇心偶爾說髒話，而是在生氣、和朋友吵架，或是在公共場合說髒話時，都有必要和孩子好好溝通。

「當你說這些話時，對方聽了心裡會受傷，而且心情也會很難受。更何況，罵髒話只會讓你自己更生氣，並不能解決任何問題。我們一起來想想，生氣時該怎麼做比較好吧！」

與其罵髒話，倒不如大聲說：「我現在很生氣！」這麼做都比罵髒話來得更有效果。

當關係建立在信賴的基礎上，即使有時候不小心說了一些難聽的話，也不會輕易影響彼此的情誼。重點不在於話語本身，而是在什麼樣的狀況下？是誰說的？然而，因為孩子們還無法正確區分，可能會認為自己只不過是和朋友開玩笑。即便是如此，也必須要告訴孩子，萬一對方聽到這些話而感到不舒服，那麼就要換另一種表達方式。尤其是如果當孩子總是習慣一邊罵髒話，一邊亂丟東西時，就必須要找時間和孩子面對面坐下來，好好進行溝通。不是對孩子說：「你這些話是從誰那裡聽來的？是從哪裡學的？下次你敢再說這句話試試看，看媽媽會不會揍你？」而是教孩子另一種表達方式，可以對孩子這麼說：

「當你罵髒話時，會聽不到自己真正想說的話，也無法讓別人進一步理解你。因此，媽媽建議你下次生氣時，試著用不同的方式來表達，這樣別人才會知道你生氣了，媽媽也才會知道原來你在生氣。生氣的時候，你也可以試試大叫一下，這麼做會比你罵髒話來得更有效，對方能夠理解你生氣了，你也能宣洩憤怒的情緒。」

無論如何都要記得，在孩子成長的過程中，罵髒話也是一種很自然的過程。當孩子總習慣把髒話掛在嘴邊，也可能是孩子正在發出需要父母協助的訊號。我們所要做的就是幫助孩子，以更健康正確的方式來表達自己的情緒，這是身為父母的我們，必須要學習的。

媽媽的對話練習

1. 當發現孩子罵髒話時，不要急著責罵孩子，先試著理解孩子的心情。

「你這孩子怎麼可以罵髒話？」

→「大人有時也會罵髒話，就連媽媽小時候也曾經罵過髒話。」

2. 理解孩子真正想表達的是什麼？協助孩子轉換不同的情緒宣洩方式。

「下次不准再說智障、白癡這種粗俗的話，知道嗎？」

→「我知道你在生氣，生氣時你可以大聲尖叫，或是暫時先躲起來讓自己冷靜下來。」

3. 幫助孩子說出生氣的原因，同時告訴他罵髒話，會帶來什麼樣的後果？

「以後敢再說髒話你就死定了！」

↓

「如果你可以告訴我你為什麼生氣，媽媽就能夠理解你的心情，也才能幫助你一起解決問題。」

12 使用正面的話與孩子溝通

而不是只說：「不可以這樣！」

用強迫的方式，
希望對方能滿足自己的願望，
這其實也是一種暴力。

在進行溝通課程時，有些人原本是希望藉由學習如何與人溝通，來解決職場上的問題，但進一步探討後，發現大多數關於溝通的問題，主要都來自於原生家庭。家，是一個很特別的地方，除了愛之外，還伴隨著承諾和一輩子的責任。為了這份愛、承諾與責任，必須不斷和家人溝通，透過溝通的方式達成共識，但前提是要有溝通的意願，同時願意說出自己內心的想法。

但像剛出生的嬰兒，不是吃、睡，就是哭著討抱抱。這時候很多媽媽們都會忍不住想，

「要是小嬰兒會說話就好了，不用猜他們現在到底是想喝奶？還是想睡覺？」

不過，其實很多大人也跟小嬰兒一樣，無法坦率說出自己內心真正想要的是什麼，說話總是拐彎抹角。即使心裡受傷了或是不順心，一臉不悅的樣子，也不知道該如何表達。當對方開口問：「怎麼了？不開心嗎？」也還是裝作沒事的回答：「沒事啦！我沒有生氣。」

如果沒有明確地用言語表達出內心真正的需求，心裡的渴望就很難實現。很多人都不把自己真正想要的具體表達出來，只會默默地在心裡認為：「我都已經暗示這麼明顯了，應該懂我的意思吧？」誤以為自己已經表達得很明確了，但如果對方沒有按照自己的想法去做時，便會在心裡斷定：「看吧！說了也沒用！」認為對方根本沒有把自己的話聽進去。然而，像這樣沒有具體表達自己的需求，要對方不透過言語，就能夠讀懂自己的內心，得要奇蹟出現才行。

不知道從何時開始，我們會覺得把自己的需求告訴另一半、父母甚至是孩子，是一件很傷自尊的事。因此總是不斷壓抑，有時也會莫名地委屈想哭，內心糾結不已。如果過去在你的家庭關係中，總是希望不用說對方就能明白，是否願意從現在開始嘗試改變，學會用言語表達自己內心真實的想法。身為母親的我們，如果能夠直接且具體地表達自己內心的想法，說出自己真正想要的，孩子自然也能夠學會這樣的表達方式，與他人建立良好的溝通習慣。

如何和孩子建立良好的溝通？

當媽媽對孩子說：「我們這週末跟奶奶一起吃飯，去奶奶家玩好嗎？」這句話聽起來像是「強迫」還是「溝通」呢？

大部分人都會覺得是「溝通」。其實光從這句話來看，並無法判定究竟是「強迫」還是「溝通」。假如孩子聽完這句話後，對媽媽說：「不要！奶奶家好遠喔！我才不要去，我要待在家裡跟朋友一起玩！」此時媽媽的反應，才能看出答案。

倘若媽媽的回答是：「這樣啊！那不然週六早上你先在家裡跟朋友玩，到了傍晚我們再去奶奶家，而且會搭你最喜歡坐的火車去喔！這樣就不會覺得遠了，好嗎？」媽媽的回答，很明確地是在和孩子溝通想法。然而，如果媽媽的反應是以下其中一種，那情況又不同了。

1.「好吧！那你就一個人待在家裡好了，家裡都沒有人黑漆漆的很恐怖，媽媽可不管喔！」用這種方式讓孩子的心生恐懼，其實是一種「強迫」的手段。

2.「你不去的話奶奶會很難過耶！你確定真的要待在家裡嗎？」讓孩子的心裡產生愧疚感，也是一種「強迫」。

3.「你好自私喔！每次做什麼事情都只想到自己，這樣有誰會喜歡你啊？」用言語讓孩子感到羞愧，這也是一種「強迫」。

很多父母在與孩子溝通時，有時候會帶著自己的主觀意識，不會站在孩子的立場去思考，什麼才是孩子心中覺得重要的事。而且往往會認為自己才是對的，自己的想法大過於孩子的想法，甚至會認為孩子年紀還小不懂事，他們只需要聽話照做就好。然而，孩子並非父母的附屬品，每個孩子都是獨立完整的個體。當父母能用心聆聽孩子內心的話，孩子也會聽見我們的想法。父母所要學會的，並非教孩子「聽話照做」，而是學習如何和孩子取得共識，藉由互相溝通來了解彼此的想法。

想請孩子幫忙時的方法

1. 善用正面語句

我有兩個兒子，大的八歲，小的六歲，平常兄弟倆感情很好。但有一天，我正在煮飯，叫兩個孩子自己先去洗澡。結果弟弟帶著洗澡的小鴨玩具進浴室玩時，卻被哥哥搶走了。他叫哥哥把玩具還給他，但哥哥不肯，於是跑來找我哭訴。我聽完後，便叫哥哥把東西還給弟弟，並警告哥哥：「不可以搶弟弟的東西！」說完，又回廚房繼續煮飯。過了一會兒，又聽到弟弟大聲哭著叫媽媽，我有點不耐煩地走進浴室，弟弟哭著說哥哥一直故意用水潑他。

我生氣地警告哥哥：「你如果再這樣欺負弟弟，下次你們兩個就不要一起洗澡了！」結果過沒多久，弟弟又哭著跑來廚房找我，說哥哥打他。我忍不住大發雷霆的說：「媽媽不是跟你說過，不可以欺負弟弟嗎？」像這種時候，我該怎麼做才好？

聽這位媽媽說完她的苦惱後，我不禁為她感到心疼，可想而知她有多麼心力交瘁？要帶兩個精力旺盛的兒子，是一件相當耗費心神的事。尤其當孩子正處於叛逆期，講都講不聽，我想很多媽媽應該都會氣到理智線斷線。此時，要記得的是，**千萬不要因為孩子不肯乖乖聽話，就覺得自己是個失敗的媽媽**。不過，如果媽媽可以開始試著練習溝通技巧，學會請孩子幫忙，情況會比現在改善許多，親子關係也能更融洽。

上述案例中的那位媽媽，坦白說她已經盡力了，一個人在廚房裡煮飯，又要來來回回處理兄弟之間的糾紛，但結果卻還是不盡人意。那麼，到底該怎麼做才好呢？**首先，要學會的第一項溝通技巧就是「善用正面語句與孩子溝通。」**

「不可以搶弟弟的東西！」這句話其實是負面語句。要如何把「不可以……」的負面語句句型，換成「可以請你……嗎？」的正面請求語句呢？

「可以請你把弟弟的東西還給他，你再去房間拿你想玩的玩具好嗎？需要媽媽幫你拿過來嗎？」試著像這樣運用正面語句和孩子直接溝通。

另外，「你如果再這樣欺負弟弟，下次你們兩個就不要一起洗澡！」這句話也同樣帶有威脅。試著換另一種表達方式：「如果你想和弟弟一起開心洗澡，你覺得可以怎麼做呢？」

以上這些都只是供你參考的話，善用正面語句溝通，可以幫助孩子正向思考。因為人類的大腦，會隨著聽到的語，自動在腦海中出現聯想進而浮現畫面。因此，**想要請孩子幫忙時，運用幫助孩子正向思考的肯定句型和孩子溝通，效果會更好**。倘若對孩子說：「不可以動手打人！」孩子腦海中出現的畫面就會是「打人」，但如果對孩子說：「和弟弟吵架時，可以過來找媽媽幫忙。」孩子自然就會知道如果發生問題時，可以「找媽媽幫忙」。善用正面語句和孩子溝通，直接告訴孩子「可以怎麼做」，而不是「不可以怎麼做」。

2. 具體且明確地表達

我的孩子個性十分內向，在學校總是不大愛跟別人說話，我對這點感到很擔心。我曾經參加過孩子學校舉辦的教學觀摩日，除了他以外，其他同學都會主動舉手發言。看到孩子一個人靜靜地坐著發呆的樣子，我內心急得跟熱鍋上的螞蟻一樣，不知道該怎麼幫助他。因為實在看不下去孩子這副模樣，於是忍不住對孩子說：「你為什麼老是像個笨蛋一樣，呆呆坐著？」但當我越心急，孩子越是不敢說話。隔天孩子要出門上學時，我看著孩子對他說：「上課時要積極認真點，知道嗎？」孩子聽完後，只是默默點頭就出門了。真不知道他到底有沒有聽懂我說的話？心裡很擔心也很煎熬。

我們經常對孩子說：「要對自己有信心」、「要為自己設定目標」、「要勇敢一點」、「要堅強點」等諸如此類的話。孩子們雖然會回答：「知道了！」但其實孩子很難理解這些話，背後代表什麼意思？不知道到底應該怎麼做？因此，和孩子溝通時，很重要的第二項技巧就是「具體且明確地表達」。

當媽媽對孩子說：「上課時要積極認真一點！」這句話孩子聽完後，其實並不知道該怎麼做才是對的，腦海中沒有明確清晰的畫面。因此，可以換個方式對孩子說：「媽媽希望你上課時，就算遇到不會的問題，也能舉手踴躍發言，就你所學到的所知道的來回答就好，下次試看看好嗎？」當孩子去上學時，對孩子說：「要跟同學相親相愛喔！」孩子可能會聽不懂什麼是「相親相愛」？那麼該怎麼說呢？「今天去學校如果看到同學身體不舒服，或是需要幫忙的時候，記得要互相幫忙喔！」這麼說孩子聽完後，就會知道該怎麼做了。

對孩子提出請求時，必須要具體詳細的說明，讓孩子有機會發揮潛能去挑戰自己。更重要的是，孩子可以藉由累積成功經驗，提升自信心。倘若只是籠統地對孩子說：「積極一點」、「有自信一點」，這些話其實反而是在打擊孩子的信心，讓孩子失去自信。建議先讓孩子在家練習，如果孩子的個性比較害羞，不善於表達自己，可以告訴孩子，當心中有想法時，練習直接說出來。如果孩子說話總是很小聲，也可以試著讓孩子練習說話大聲一點。

3. 設定合理可達成的目標

對七歲大的孩子說：「你可以幫媽媽一個忙嗎？從現在起，每週一你要自己把衣服丟到洗衣機，洗完後再拿到陽台曬，等衣服乾了再收進來。」你認為這是一個合理的要求嗎？我想，大部分人聽完都會說：「一個才七歲大的孩子怎麼可能做到？」沒錯！雖然上述這段話，運用了正面語句，同時也是具體且明確的表達，但卻不是孩子能力所及的事情。因此，這並不是一個合理的請求。**想請孩子幫忙時，第三項守則就是「必須要是孩子做得到的事情」**。

倘若對七歲的孩子說：「媽媽把衣服曬完收起來摺好了，你可以把你自己的衣服，拿到櫃子裡面放好嗎？」像這樣的請求，就是孩子可以做得到的事情，因此孩子很有可能會樂意幫忙。想請對方幫忙時，很重要的一項關鍵在於，提出的請求必須是對方能力範圍所及的事情。

每個人對於自己能力範圍所及的事情，都會希望盡自己最大的所能予以協助，因為人類生來就有這種樂於助人的天性。那為什麼請孩子幫忙時，他們有時會很樂意，有時卻又心不甘情不願的呢？關鍵在於父母究竟用什麼樣的方式和孩子溝通，既然要請孩子幫忙，何不讓孩子能夠樂在其中呢？身為父母的我們，需要練習學會如何和孩子對話，如何請孩子幫忙？

當然，要時時刻刻都用這樣的方式和孩子說話並不容易，但若我們在說話之前能夠再三思考，有意識地保持覺察，透過反覆練習，很快就能學會。孩子的內心深處總希望能滿足父母，想看到父母對自己嶄露笑顏，渴望自己是被愛的。然而，當孩子經歷自我意識發展的過程時，會認為自己的想法更重要，因此有時候會無法接受父母的意見和要求。要知道，一段好的親子關係，並非只是要孩子乖乖聽話，這點請務必記得。

4. 詢問對方的意見並予以尊重

在家庭關係中，要盡可能避免用命令或指使的口氣說話，而是要詢問對方的意見並予以尊重。因為當以命令的方式對話時，會讓另一方（主要是年幼的孩子）必須屈服或犧牲。**孩子們有自主選擇權，也擁有表達自己意見的權利，而我們所要做的，就是溝通與協調。**

「今天晚餐的食材不太夠，我們出去外面吃，好嗎？」

「不要！我不想出去外面吃，我想在家裡面吃！」若孩子這麼回答，父母得去了解孩子話語背後的真實想法，相信孩子並不是要刻意刁難媽媽，一定得在家裡煮，只是單純想在家裡吃飯而已。如果能聽出孩子內心的渴望，就可以對孩子提出另一種提案：「那不然我們叫外賣來吃好了，你想吃什麼？」

然而，倘若這時媽媽的反應是直接對孩子說：「好了！趕緊換衣服出門，就在家附近吃飯而已，不要耍任性了！」孩子就算乖乖聽話照做，內心也會有許多不滿。

雖然無條件順從孩子，並不是一種好的教育方式，但一味地要孩子聽大人的話，按照大人的指令行事，也絕非正確的教育方式。我們所要做的，是透過溝通取得共識，用智慧化解意見衝突。因此，**想請孩子幫忙時，也必須詢問孩子的意願，當孩子拒絕時，也必須進一步了解原因**。當父母願意用心傾聽孩子真正的想法，並尊重孩子的決定時，孩子自然也會願意聆聽父母的想法和意見，彼此互相理解包容。

孩子，是父母最好的修行。在教養孩子的路上，我們必須學會放下身段，以柔軟的心接納並尊重孩子。學會放慢腳步，停下來等待陪伴孩子成長。縱使我們可能無法凡事做到盡善盡美，但當我們願意開始嘗試練習，相信就會越來越懂得如何與孩子溝通。即使忙碌沒有時間，也都希望所有媽媽們能夠一起努力練習，讓育兒路上不留遺憾！

媽媽的對話練習

1. 想請孩子幫忙時，盡量使用正面語句。

「不要搶弟弟的東西！」

→「弟弟的東西要還給弟弟喔！」

2. 具體且明確地表達要求。

「不要欺負弟弟！」

→「如果和弟弟發生衝突，需要媽媽幫忙時再跟媽媽說。」

3. 提出合理可達成的目標。

「當哥哥的要有哥哥的樣子！」

↓「如果你也想玩，可以到你自己的房間去拿你想玩的玩具。」

4. **詢問孩子的意見並予以尊重。**

「好了！趕緊換衣服出門去，不要耍任性了！」

↓「如果不想出去吃的話，不然我們叫外賣來吃好嗎？你想吃什麼呢？」

13 對媽媽的角色厭倦時，和孩子一起克服

而不是跟孩子說：「你想怎樣就怎樣，媽媽不管你了！」

父母的一句話，會影響孩子一輩子。

可能會為孩子的人生帶來希望，也可能讓孩子自暴自棄，

什麼才是你真正想帶給孩子的呢？

我所創辦的「蛻變工作坊」（Replus Human Lab）曾和單親媽媽保護協會簽訂合作企劃，針對未婚媽媽們進行為期六週的自我對話課程。在過程中，我發現不管是哪個年齡層的媽媽，其實面臨到的教養問題和煩惱都是一樣的。無論是單親家庭、雙親家庭、或是隔代教養家庭，在教養的這條路上，任誰都一樣，都曾經歷過挫折、沮喪，也曾忍不住對孩子發脾氣，生氣後卻又感到懊惱。

但除了教養問題外，未婚媽媽們所要承受的痛苦，又是另一種不為人知的辛酸。因為孩子們從小就沒看過爸爸，不知道爸爸是誰。當孩子哭著找爸爸時，對這些未婚媽媽們來說，無疑又是一次打擊，心裡充滿了愧疚和痛苦。她們明知道單親媽媽這條路並不好走，但為了孩子還是勇敢堅持下去。孩子是支持她們的最大動力，她們想讓孩子知道就算爸爸不在身邊，還有媽媽在。無論再苦再累也絕不放棄，這是一種對生命的責任，也是母愛的偉大。

當媽媽，好累！

雖然母愛是一種天性，對孩子的愛無法割捨，不過媽媽也是人，也會有累的時候，偶爾也會很想卸下「媽媽」這個角色。

這件事或許因人而異，但對我來說，我覺得帶孩子比工作更累。因為工作就算再累，也總有下班的時候，但帶孩子卻永遠沒有下班的那一刻。和孩子在一起時，有時我會無法好好享受幸福的親子時光，會覺得自己似乎不是一個好媽媽，對孩子充滿了愧疚，一想到就忍不住落淚。有時候，看到打扮光鮮亮麗的單身年輕女性走在路上，她們怡然自若的模樣，也會讓我心中，不由得升起一股莫名的惆悵感。曾幾何時，我也曾經那樣的悠閒自在，但現在卻成天在忙碌的生活中打轉，好像失去了自己，內心不禁感到空虛茫然。

更別說是全職媽媽們了，一天二十四小時，被一大堆忙不完的育兒瑣事轟炸，有時會忍不住心想：「這樣的日子到底什麼時候才會結束」、「是不是不該走入婚姻」、「為什麼婚後一切都走樣了」、「為什麼生活的重心只剩下孩子」……有時想著想著，好幾次都想逃離家，不想再當「媽媽」了。

當了媽媽之後，好像失去了自己的人生，對未來充滿迷惘。因此，有些人會開始仰賴宗教信仰，藉由信仰的力量，讓自己找到堅持的動力。但除了信仰之外，還有其他方法嗎？又不能回到單身生活，就算離了婚也無法回到從前，即使換了環境也只是暫時而已。到底該怎麼做才好？其實，媽媽的首要任務就是「好好愛自己」，好好的找出讓自己感到快樂的事。

幸福就是，成為孩子心中獨一無二的存在

每次到企業演講時，我經常會開玩笑地說：「工作只是工作而已，孩子才是人生中最有價

值的投資。孩子就像是被低估的績優股，很多父母都低估了他的投資報酬率，因此這輩子，請務必好好投資這檔股票，用愛和時間全心全意投資。」

我的孩子今年六歲，目前讀幼稚園。某天，幼稚園老師找太太約談，太太回家後心情變得十分沉重。

原本我並不以為意，覺得孩子成長過程中難免會遇到這樣的事情，但聽完太太的轉述後，連我也忍不住開始擔心起來。幼稚園老師說我家孩子有語言發展遲緩的現象，不太會表達，而且缺乏社交能力，建議我們最好帶孩子接受語言治療。老師甚至告訴我們，如果不及早治療，擔心孩子上小學會難以融入團體生活。我該怎麼辦才好？為什麼這種事情會發生在我們身上？

聽完這位爸爸的話後，我不禁感嘆「天下父母心啊！」我想所有為人父母的心情都是一樣的，當父母聽到自己的孩子有狀況時，再怎麼堅強的人，都會覺得世界好像瞬間崩塌。面對別人的問題，我們總是很容易就能給出建議，但當問題發生在自己孩子身上時，便會不知所措。

於是，我對這位爸爸說：「你之所以會焦慮不安，是因為聽到幼稚園老師說孩子發展緩慢，需要多加留心注意。但其實你可以試著換另一種角度思考，並不是因為孩子有問題需要治療，而是為了幫助孩子能夠更快適應團體生活而去做。就像孩子如果感冒咳嗽得很厲害，我們會讓他多喝溫開水、多休息一樣，老師的提醒也只是希望父母能從旁協助孩子，引導孩子多練習開口說話，培養孩子與同儕相處的社交能力，好融入團體生活。」

以上述的案例來看，父母聽到老師的話後，可能會有兩種不同的反應：一種是心裡覺得很受傷，把這件事情當作是嚴重的問題來看待；另一種則會去思考該如何幫助孩子？站在不同的角度思考，就會產生不一樣的結果。

如果父母站在孩子的立場去看待這件事情，心裡想的是：「該怎麼做才能幫助孩子呢？」就能跳脫批判性思維，把注意力集中在解決問題上。每個孩子都有屬於自己的成長步調，不是「贏在起跑點上」才是最好的，倘若孩子的發展速度比其他孩子稍微慢了點，父母也不需要為此感到不安或擔憂，擔憂並不能幫助孩子解決問題。無論旁人說了什麼，父母都要踩住自己的立場，以成熟的態度來陪伴孩子。

上述案例中的那位爸爸，聽完我給他的建議後，彷彿放下心中的一塊大石頭，欣然地對我說：「謝謝妳，我想我知道該怎麼做了，我會好好從旁協助孩子。」原本他來找我的時候，臉上的表情充滿了緊張與不安，感到不知所措，甚至有些怨天尤人，很想逃避放棄。

但當他願意換個角度思考，站在孩子的立場去理解孩子後，態度也變得正向積極，開始幫助孩子找出解決的方法。相信在這過程中，孩子也會感受到父母滿滿的愛與關心。對孩子而言，父母就是他們的全世界，即使遇到再大的困難，只要有父母在身邊支持陪伴，孩子就會有勇氣面對生命中的課題。我想，為人父母最幸福的一刻，莫過於在孩子閃閃發亮的眼神中，看到絕對的愛與信任，成為孩子心中獨一無二的存在。天底下有什麼事比孕育一個生命，陪伴孩子成長茁壯，來得更幸福快樂呢？

不是孩子有問題，只是他需要幫忙

「他們家孩子是問題兒童。」

人們總是習慣用自己的標準來分辨是非對錯。就連對孩子也是一樣，容易替孩子貼標籤，看到孩子偶爾出現脫序行為，就認定這個孩子有問題。事實上，並不是孩子有問題，可能是孩子內心正經歷著某種痛苦。孩子的偏差行為，其實是他們的求救訊號。因此，當看到孩子出現問題行為時，請不要太過緊張或激動，試著站在孩子的角度，去理解孩子的心情，用愛陪伴孩子。當父母面對孩子的叛逆行為時，能用有智慧的愛化解孩子心中的阻礙，付出包容與關懷，這才是真正對孩子有幫助的事。

就連大人被別人批評，貼上「負面標籤」時，心裡都會覺得受傷了，對孩子來說更是如此。當孩子被冠上「叛逆」或「問題兒童」的標籤時，內心其實是很痛苦的，甚至會覺得自己就像大人所說的那樣，對自己更沒自信，失去自我的價值。每個人都不喜歡被別人批評，尤其聽到別人說：「都是你的問題」、「一切都是你的錯」這樣的話時，就好像一把利刃刺進心窩，內心的傷口很難癒合。因此，絕對不要對孩子說這些話，不要讓孩子的自尊心受傷，父母留給孩子的應該是愛的禮物，而不是在孩子的心裡留下傷口。

在進行親子溝通課程時，有些父母會跟我抱怨說，他們家的孩子是問題兒童。但當我問他們：「孩子有哪些偏差行為？」時，他們的回答往往只是「他都不自己吃飯」、「他老是喜歡動手打弟弟」。當孩子出現這樣的行為時，真的有必要在孩子身上貼上「問題兒童」的標籤嗎？評斷一個人很容易，但更值得思考的是，我們為什麼會有這樣的想法？

尤其當孩子年紀越大，越有自己的主張意見，很多時候對父母的話會加以「反抗」。當媽媽訓斥孩子：「把電視關掉去讀書！」孩子可能會頂嘴說：「媽媽自己還不是一樣每天看電視」；當媽媽對孩子說：「你這孩子怎麼不多讀點書？」孩子也可能會回嘴：「媽媽自己也不愛讀書還說我。」

於是，我們生氣地對孩子說：「算了！媽媽說的你都不聽，媽媽不管你了！」

若父母解決和孩子的衝突時，不採取溝通的方式，而是賭氣的對話，會使親子間的問題越來越大。請先試著理解自己內心真正想要的是什麼？並對孩子說出自己的真心話。例如：「媽媽需要你的幫忙，希望你能明白我的心情。」

無論什麼狀況，能真誠地表達自己內心真正的渴求，才是溝通的真諦。

媽媽的對話練習

1. 當孩子出現問題行為時，先觀察孩子的言行舉止。

「你為什麼老是這樣？」

↓

「媽媽看到你昨天和今天都把襪子和衣服放在書桌上。」

2. 試著理解自己內心的需求，誠摯地向孩子提出請求。

「這個家又不是只有你一個人，弄得亂七八糟的像話嗎？」

↓

「這個家是我們大家居住的空間，需要家人們一起維護家庭整潔，可以請你幫忙把髒衣服丟到洗衣機裡嗎？」

14 幫助孩子一起撕下身上的「標籤」

當孩子跟你說：「媽，老師說我是問題兒童」時

「他心地很善良！」

「那個人好自私喔！」

「我先生是個完美主義者。」

我們總是習慣用自己的標準對他人做出評價，認為這樣才能夠了解一個人，也能夠判斷這個人對自己是否有幫助。然而，我們也會用同樣的方式來評估自己，幫別人貼標籤的同時，也一樣會為自己貼標籤。「我是一個很糟糕的人」、「我很完美」、「我是一個有魅力的人」等等。

人類的人格特質是很多元且複雜的，很難用一句話就能概括一個人的個性，但當我們習慣評斷一個人，就會容易陷入主觀的好惡中，對待孩子也是如此。

「我們家孩子很乖。」

「我們家孩子都只想到自己，很自私。」

「我們家孩子是個膽小鬼。」

「我們家老大很有責任感。」

「我們家老二很精明幹練。」

「標籤效應」的負面影響

從國小一年級開始，我就經常被老師說做事馬虎、漫不經心，就連媽媽也常搖頭嘆氣地對我說：「老師遇到你這樣的學生，真的會很煩惱。」讀四年級時，某天，老師拿了一張白紙，在紙上寫了「我是問題兒童，請處罰我」後，把紙貼在我背後，叫我到各班「巡迴」。我實在不想這麼做，所以就翹課逃學了，我一整個下午都在校園外徘徊，回家後自然被媽媽訓斥了一頓。後來，學校還把媽媽叫去，跟媽媽說學校沒辦法處理像我這樣的問題學生，說我需要特殊教育，建議我轉學。

我相信大部分的老師都是愛孩子的，希望能夠站在孩子的立場，循循善誘引導孩子學習成長。然而，一個老師要同時面對這麼多學生，每個學生的個性又大不相同。當某些孩子做出令人難以理解的行徑，或是再三勸阻孩子仍徒勞無功時，老師難免會感到挫折。

在面對班上這麼多學生的情況下，老師要能夠一直秉持著愛與耐心來指導「特別不聽話」的孩子，確實不是一件容易的事。儘管如此，上述案例中老師的做法仍是無法被認同的。對孩子來說，聽到父母或師長對自己有負面評價時，他們的心裡會感到無比失落，並且會嚴重打擊自尊心。

上述故事中的小男孩，從小就被大人貼上「問題兒童」的標籤，也因為這樣他一直覺得自己是「有問題的」，長期下來導致自我價值感低落，長大後也難以擺脫這樣的想法。當孩子受到來自外界的負面評價時，會對孩子的自尊心造成傷害，讓孩子內心留下難以癒合的傷口。無論父母再怎麼鼓勵孩子、告訴孩子：「不要被他們的話影響了，你才不是他們所說的那樣。」孩子心裡還是難以釋懷，尤其當同儕之間的影響力越來越大時，朋友的一句話，很可能就會讓孩子的世界瞬間崩塌。

站在父母的立場，我們都不希望孩子因為他人的負面評價，產生自卑的心理、自我否定。

但遺憾的是，我們無法杜絕現實生活中，所有外界對孩子的評價。但我們能從旁引導他。

換個角度思考

如果念幼稚園或剛上小學的孩子，回家後跟妳說：「媽媽，我是問題兒童」、「媽媽，我是個壞小孩」時，妳會有什麼反應？

妳可能會很緊張不安，急忙告訴孩子：「你才不是壞小孩！」然後又接著追問：「是誰跟你說這種話？」、「為什麼你會覺得你是壞小孩？」、「別聽他們的，你才不是問題兒童。」雖然這麼說是為了安撫孩子，希望孩子別被這些負面評價影響，但父母的反應越是激動，越會加深孩子內在的自我懷疑。

當聽到孩子這麼說的時候，父母們不要急著馬上反應。**父母所要做的，並不是急著否認這些負面評價，而是引導孩子轉換思維，讓孩子學會如何正確看待別人對自己的評價**。孩子之所以會產生這樣的自我懷疑，絕對不是聽到別人說了一次後，就真的認定自己是別人嘴裡所說的「壞孩子」或是「問題兒童」，而是或多或少隱約感受到父母或師長的態度，察覺到他們失望的眼神，亦或是聽到父母搖頭嘆氣說：「真不知道該拿你如何是好？」長時間下來，就會誤以為別人貼在自己身上的「標籤」是真的，認為自己就是別人所說的那個樣子。試想，當孩子根深蒂固這麼認為時，對孩子說：「你才不是這種人」、「你誤會了，你並不是他們所說的那樣」孩子聽得進去嗎？

「標籤效應」具有潛移默化的誘導作用和暗示的力量，因此當孩子經常聽到別人稱讚他很乖時，就會「刻意」想要表現乖巧的模樣；當聽到別人說他很自私時，也會下意識地認為自己就是別人所說的那樣。

如果不想要活在別人的評價裡，想要撕下別人貼在自己身上的「標籤」，並不是否認抗拒就好，而是要以中立的態度，接納別人對自己的評價，練習換個角度思考：「啊！原來在他眼中的我是這個樣子啊！不過很可惜他沒有了解到其他面向的我，所以才會對我有這種刻板印象。」透過這樣的練習學會接納自己，以正確的方式，看待別人對自己的評價。

那麼，該如何引導孩子跳脫負面標籤的框架呢？當孩子告訴妳：「媽媽，別人都說我是壞小孩，我覺得自己好糟糕。」時，不需要急著否認說：「你才不是壞小孩！」而是試著問孩子：「為什麼你會有這樣的想法呢？」孩子可能會回答：「不是我要這麼想，而是事實就是如此。」這時候，可以再問孩子：「什麼時候你會覺得自己很糟糕？認為自己是壞小孩呢？」孩子可能就會說出過去曾發生的一些事件或經歷。

有些孩子會很具體地說出事件的經過，但也有些孩子只會含糊帶過說：「我一直都覺得自己很糟糕。」此時，請父母再多點耐心詢問孩子：「什麼時候你會特別有這樣的感覺呢？」與孩子真誠的對話，相信孩子終究會願意敞開心房，說出他們的心裡話。當孩子向妳傾訴時，只需要靜靜地聆聽，聽完後再跟孩子說：「媽媽可以理解你為什麼會有這種感受，不過，針對這件事情，我也有其他不同的看法，你願意聽聽看嗎？」接著，再把自己具體觀察到的事實告訴孩子，讓孩子看見不同的面向。例如，我們可以跟孩子說：「我想他只是因為過去發生的事情，所以對你產生的偏見。但你在媽媽心中並不是個壞孩子，像上次我們一起去麵包店買麵包時，出來的時候，剛好看到一個小朋友不小心跌倒了，你不是還上前去扶他嗎？媽媽覺得這樣的你很棒，一點都不認為你是壞小孩。」

孩子年紀越小，用這樣的對話方式引導孩子，孩子就能越快擺脫負面的評價。讓孩子學會換個方式思考，這麼做孩子也會願意承認接納自己的錯誤，進而學會檢討反省。

媽媽的對話練習

當孩子對妳說：「媽媽，別人都說我是壞小孩，我覺得自己好糟糕」時，要如何引導孩子轉換思維，擺脫負面標籤呢？

1. 當孩子在敘述事件時，不要急著打斷孩子，靜靜地聽孩子把話說完。

「誰說的？別聽他們胡說八道！」

↓

「發生什麼事了？你可以告訴媽媽怎麼了嗎？」

2. 不要急著否認孩子的感受，而是問孩子為什麼會有這種想法？

「不要這樣想，你才不是壞小孩咧！」

↓

「為什麼當他們這麼說的時候，你會覺得難過呢？」

3. 理解孩子的想法後，試著引導孩子轉換思維。

「不要管別人怎麼說，幹麼因為別人的話受影響？」

↓「的確，別人可能會有這種想法。但人們很容易看到事情的一面，就隨便對別人做出評價，媽媽的眼裡就看到不一樣的你，我的想法跟他們不同，你想要聽聽看嗎？」

15 教孩子以健康的心態面對拒絕

當孩子跟你說：「媽，他們都不跟我玩」時

當別人拒絕你時，並不表示他們不喜歡你或討厭你，而是對他而言，還有其他更重要的事情。幫助孩子看清「拒絕」背後的原因，孩子就能以正確的心態，面對別人的拒絕。

有一次，我帶孩子去社區附設的兒童遊樂場玩，那裡因為是社區的公共設施，大部分去那裡玩的孩子都互相認識。不過，可能是因為孩子年紀還小，當他開心地對其他孩子說：「我們一起玩好不好？」後，其中有幾個年紀比較大的孩子，走過來用身體推開他，對他說：「不要！你走開！」孩子聽到他們的話，一動也不動站在那邊，看起來很難過。

當孩子走過來找我時，我對孩子說：「哥哥他們現在好像不想跟你玩，是因為他們有自己的事情要做，不然你跟媽媽一起玩好了。」我不知道自己這麼做到底對不對？看到孩子被拒絕大受打擊的樣子，坦白說我心裡也很受傷，也莫名地覺得那群孩子很討厭。

就連大人被拒絕時，也會感到沮喪，會因為感受到自己這個人被排擠了，而心情沉重，更別說是年幼的孩子了。當孩子被別人拒絕，自尊心受到打擊時，父母在一旁看了定會感到不捨。此時身為父母我們所要做的是要靜下心來思考，如何從旁協助孩子？

如何正確地引導孩子

當孩子被拒絕時，該如何引導孩子呢？關鍵在於我們把問題聚焦在哪裡？當我們把問題放在孩子被拒絕這件事情上時，很容易就會跟孩子一起陷入悲傷的情緒。但當我們把重點擺在引導孩子釐清內心真正想要的是什麼，就能夠幫助孩子迅速脫離被拒絕時的失落感，進而找到其他方法來解決問題。

在上述例子中，那位媽媽告訴孩子：「不然你跟媽媽一起玩好了！」就是很棒的一種引導方式，因為孩子內心真正想要的，只是希望有人可以陪他玩而已。

但「哥哥他們現在好像不想跟你玩」這句話就有待商榷，那只是媽媽自己個人的想法，並非事實真相。或許可以換種說法：「哥哥他們似乎有自己的遊戲想玩，你要不要再去問問看，可不可以跟你一起玩？如果他們還是說不要，媽媽再陪你玩別的，好嗎？」

有時候，對方之所以會拒絕我們，只是因為目前他有其他更想做的事情，並不是因為討厭我們，也不是刻意想排擠或霸凌。當我們試著引導孩子，以正面的態度面對被拒絕這件事，也可以讓孩子學會尊重他人的選擇，再和孩子一起思考其他解決方法。

「那些孩子不想跟妳玩，是你做了什麼事嗎？」

「算了，他們不跟你玩就算了，下次不要再跟他玩了，我們去找別人玩！」

不要對孩子這樣說，這麼說，反而會讓孩子之後真的不想，也不敢再和那群朋友一起玩。

我們可以同理孩子的情緒，但不要被他們的情緒影響，不需要急著為孩子「打抱不平」。當孩子被拒絕時，不是告訴孩子「他們好像不想跟你玩」，而是從旁引導孩子，帶孩子看到事情的真相。「他們之所以不跟你玩，好像是他們有其他更想要做的事。」而這往往才是事實的真相。

當父母能以正確的方式引導孩子，孩子才能以健康的心態，看待「被拒絕」這件事。

教孩子學會調整情緒

在職場上，如果開會時，大家都不願意發表意見，會議就很難進行。當員工都變得沉默，公司也就離倒閉不遠了。唯有大家願意坦然地說出想法，才能一起解決問題。有些人之所以會選擇沉默，或是自掃門前雪，或是看起來做什麼事情都提不起勁，主要有兩大原因：第一個原因是，無法察覺自己處在何種情緒裡，不清楚自己是傷心、痛苦，或是生氣、厭煩，所以乾脆選擇沉默。第二個是，雖然可以察覺自己的情緒，但卻不知道該如何表達，只會壓抑。

孩子們也是如此。**當孩子被別人拒絕時，如果懂得調整自己的情緒，就會比較容易接納這種失落感**。倘若孩子不知道該如何調整情緒，被拒絕時覺得自尊心受到傷害，會容易這麼想：「完了！都沒有人要跟我玩！我是沒人愛的小孩，大家都討厭我！」

相反的，如果孩子懂得調整情緒，可能就會換個方式思考：「沒關係！反正我可以跟別人玩，雖然有點難過，但說不定他們明天就想找我玩了，我現在可以先找別人玩啊！」

上述這兩種想法完全相反，前者會讓人陷入自怨自艾的悲傷中，後者則會讓人抱持著，一切事情都會有轉機的樂觀心態。用不同的態度面對人生，結果自然也不同。

當孩子被別人拒絕時，父母不要隨著孩子的情緒起舞，尤其當父母小時候也曾經遇過被別人拒絕的事時，可能會在孩子身上看到自己的影子，進而產生投射心理，而喚起過往不愉快的回憶，而跟孩子一樣難過。但人一生中難免會遇到失敗挫折，孩子的成長過程中，碰到不如意的事是正常的。父母所要做的，就是教孩子學會調整情緒，以正向的態度面對被拒絕這件事。

先以中立的角度正確解讀「事件」，「他好像不想跟你玩耶」和「他可能目前想跟其他朋友玩」這兩句話的解讀方式完全不同，孩子聽起來的感受也不同。如果孩子是因為攻擊性比較強，和其他孩子一起玩時，會出現打人或推人的動作，導致其他小朋友不想跟他玩時，也不要直接對孩子說：「因為你愛打人，所以沒有人想跟你一起玩！」而是讓孩子有機會去思考，告訴孩子：「每個小朋友都喜歡開心地玩，不喜歡被打被推，你覺得可以怎麼做呢？」

看到孩子被拒絕時，父母難免會心疼，但更應該要靜下心來好好思考，怎麼做才能真正幫助到孩子？如果孩子經常被朋友拒絕，父母也需要從旁關心，適時予以協助。父母無法永遠陪在孩子身邊，也無法當孩子一輩子的朋友，但可以協助孩子融入團體生活。不是直接把孩子一個人丟在偌大的操場上，對孩子說：「你想跟他們玩，就自己去跟他們說啊！」而是引導孩子如何和朋友相處。當孩子被拒絕時，以正確的方式去理解對方為何會拒絕，也讓孩子從中練習同理別人的心情，對孩子未來的人際關係會更有幫助。

媽媽的對話練習

1. 以正確的角度向孩子解讀「拒絕」背後的含意。

「媽媽，他們都不跟我玩！是不是討厭我啊？」

↓「他們並不是因為討厭你才不跟你玩，或許是有其他事想做，如果你想跟他們玩，可能要稍微等一下喔！」

2. 以正面的態度，教孩子看待被拒絕這件事。

「算了！不要跟他們玩就好！」、「你要主動去跟他們說啊！」

↓「要不要試著問問他們，如果忙完了可以一起玩嗎？」

「他們現在正在做其他事，那要不要試著找其他人玩或玩別的呢？」

16 當孩子的朋友犯錯時，該如何處理？

別跟孩子說：「你以後不要再跟他玩在一起！」

孩子上小學後，媽媽最擔心的兩件事情就是「孩子的老師是什麼樣的人？」以及「孩子會交到什麼樣的朋友？」每個媽媽都希望自己的孩子能被老師喜歡，和朋友相處融洽。當新學期開始，孩子交到新朋友，帶回來家裡玩時，媽媽通常會很忙碌。因為一面要觀察孩子們之間如何相處？有沒有吵架？一面還要留意自己是否招待不周？又該如何和別人家的孩子應對？

我兒子小時候很喜歡在放學後帶朋友來家裡玩，少則一兩個，多則五六個，幾乎天天都會帶朋友回來。孩子念小學一、二年級時，我經常在家陪他，雖然他每天帶朋友回家玩，要忙著招待他朋友實在很累人，但同時也可以從旁觀察兒子如何和朋友相處，也發現到每個孩子的個性都不同。

當孩子和別的小朋友一起玩，看到其他孩子出現不恰當的行為時，要站在中立的立場，去管教別人家的孩子，並不是件容易的事。自己的孩子都不好教了，更何況是教別人家的孩子？還必須在意他的爸媽會如何看待這件事？難以拿捏管教的尺寸。

我也曾為此苦惱過。兒子有一兩個朋友很喜歡罵髒話和亂吐口水，每次看到心裡都很不開心，但也只是拿抹布把口水擦掉，假裝若無其事地告訴他：「小朋友，不可以這樣喔！」要對別人家的孩子板起臉孔講道理並不容易，只能默默在心中祈禱：「拜託，不要再讓這個小朋友來我們家了！」然而，這樣做真的是對的嗎？是不是還有更好的做法呢？

孩子成長過程中，難免會犯錯做出一些不恰當的行為，這時候需要及時糾正，孩子才能有改進的機會。因此，當別人家的孩子來家裡時，沒經過主人的同意，就到處亂翻、隨便碰大人的東西，甚至打人罵髒話時，該如何適時地引導孩子呢？相信這一直是讓很多媽媽苦惱的事，心裡會覺得：「又不是我的小孩，有必要去管別人家的孩子嗎？」、「叫孩子下次不要跟那種人玩了。」到底是該像管教自己的孩子一樣出面告誡？還是直接告訴孩子下次不要再跟他玩就好？此時媽媽們總會陷入兩難的窘境，

如果直接告訴孩子的媽媽，可能會因為溝通不良，造成彼此誤解，讓雙方心裡都不好受。因此，我建議如果發生這樣的事情，請直接第一時間告訴孩子，而不是告訴對方媽媽。

真誠地說出心裡話

坦白說，教育自己的孩子都不是件容易的事了，要教育別人家的孩子更是難上加難。因為是別人家的孩子，管教上的尺度也必須要再三斟酌，不能太過嚴苛，也不能予以懲罰，說話的方式更是門學問。然而，要是當下沒有把心裡的話說出口，只是忍耐，可能哪天不小心火山爆發，會對自己的孩子說：「你以後不准再和那種小朋友玩在一起了！」但是，這顯然不是個好方法，說完之後心裡也會很難受。如果跟孩子朋友的關係不錯時，可以真誠說出內心的想法，用請求的方式，請孩子協助。

不過，現今社會中，很少有媽媽能跟孩子的朋友相處融洽。而且很多孩子雖然知道自己的行為不對，但還是很難控制自己不去做。這時候，可以試著用以下兩種方法和孩子溝通。**第一，把孩子叫到跟前，向孩子重述一次你所觀察到的客觀事實**。所謂的客觀事實，就是放下個人主觀的想法意見，依照所聽見的、所看到的具體描述出來。

「阿姨看到你沒有經過允許，就擅自拿走我們家的東西，放到你自己的包包了，對嗎？」

「阿姨看到你好幾次拿棍子想要打弟弟，是嗎？」

像這樣依照所聽見的、所看到的具體描述出來時，孩子回家後也不至於會跟自己的父母說：「阿姨欺負我、罵我。」因為你所說出的話，並沒有任何批評或責罵的意思。即使孩子回家後，告訴自己的父母也無妨，通常這時候對方的父母會繼續追問：「阿姨做了什麼事？她對你說了什麼？」而孩子也會依照他們所聽到的話如實轉述。

但如果對孩子說：「你不可以這麼暴力，你這樣其他小朋友都不敢跟你玩了，你這麼做會變成壞孩子的。」情況又會如何呢？

孩子聽到這些話，心裡會很受傷，回家後對自己父母轉述這段話時，聽在對方父母耳裡，會感受到話中帶有批評而生氣、難過。因此，只需要向孩子具體陳述客觀事實即可，當孩子願意承認後，再進到下一個步驟，進一步糾正孩子的行為。

以愛為出發點引導孩子

適當地管教別人家孩子的第二種方式是：向孩子說出心裡話，請孩子協助。

可以對孩子說：「阿姨會告訴你這些話，是希望你和我們家〇〇相處融洽，也希望下次你來我們家玩時能玩得開心。」而不是告訴孩子：「你如果再這樣，以後就不准你跟我們家〇〇玩了，你這樣做會讓其他小朋友討厭你，這件事讓你媽媽知道了，她也會難過的。」或許孩子常常聽到別人對他說類似的話，但我們的目的並不是要處罰孩子，而是希望孩子之間能夠和平相處，並且讓孩子知道該怎麼做比較好。**因此，只需要告訴孩子我們希望請他協助的事，而不是讓孩子感到恐懼，威脅、責備或處罰孩子**。

「可以請你幫我把東西放回原位嗎？」、「那邊有衛生紙，請你拿一張來把你剛剛吐口水的地方擦乾淨，答應阿姨下次不要再這樣了好嗎？」、「拿棍子亂揮是很危險，可能會不小心弄傷其他小朋友，請先把棍子收起來，等到其他沒人的空曠地方再玩。可以跟阿姨打勾勾嗎？」大人們所要做的，就是真誠地向孩子說出希望他們做到的事，避免用比較、競爭、威脅的語句和孩子溝通。

養小孩需要一個村子的力量

如果孩子回家後把這件事告訴父母，那該怎麼辦呢？我們這麼做並不是要處罰孩子，言語中也沒有任何威脅批評的話語，只是單純地想告訴孩子正確的觀念，這也是保護孩子的一種方式。倘若對方媽媽能理解你的出發點，是真心想要幫助孩子，反而會很感謝。孩子成長過程中，若某些偏差行為無法即時導正，可能會對孩子造成不良的影響，這時候要站在同為家長的立場，適時引導孩子。我們自己的孩子也有可能會犯錯，當孩子做錯事時，對方的家長也能以同樣的方式來引導孩子，相信我們也會對此心懷感激，不是嗎？

在孩子尚未長大成人前，他們無法獨自一個人生活，需要社會更多良善的互動、協助與支持。有句諺語說：「養小孩，需要一個村子的力量。」在現今社會中，「共同育兒」的觀念已不再是新穎的名詞。當孩子們一起玩時，如果某個孩子做出了危險的舉動，身為大人的我們能從旁循循善誘，適時糾正孩子的行為，這就是所謂的「共同育兒」。每個孩子都是珍貴且獨一無二的存在，無論孩子交什麼樣的朋友，父母都不該貿然介入，只需要好好觀察孩子和朋友相處的情形，而不是在一旁下指導棋，不准孩子跟某些小朋友玩，放下既定的成見，不帶偏見地去看待問題並予以尊重。這樣一來，我們才能從旁引導孩子去認識不同的新朋友。孩子的教養是父母的責任和義務，大人對孩子的說話方式和態度，對孩子的影響是極為深刻的。

記得兒子念國中時，有一次我們一起躺在房間的床上，翻著他念小學時的相簿。兒子看著照片，突然有感而發地對我說：「媽媽，以前我帶朋友回家玩，妳會幫他們洗澡，甚至煮飯給他們吃，讓他們吃完飯再回家，當時妳一定很累吧？真的很謝謝妳！」

我其實有點訝異，他居然還記得這些事。「你還記得啊？」我說。孩子接著回答：「當然啊！我全部都記得喔！小時候，我調皮搗蛋給妳添了很多麻煩，也常常挨罵，但每次我帶朋友回家時，妳都把他們當作自己的孩子一樣，親切地招待他們，也因為這樣，讓我在那段時間交到很多好朋友。」聽完孩子這番話，著實讓我倍感欣慰。坦白說，兒子念小學時真的很頑皮，經常調皮搗蛋，我們也時常因為意見不合發生衝突，我總是為此擔憂不已。但聽完孩子這麼說之後，總算覺得努力有了代價。當父母願意放下身段，走進孩子的世界，去親近孩子的朋友，把他們當作自己的孩子一樣疼愛，當他們不小心做錯事時，也能適時引導糾正，孩子們其實都看在眼裡，也會感受到父母的用心。親愛的媽媽們，不妨也試著敞開心房，走進孩子的世界，去接納認識孩子的朋友，當他們偶爾犯錯時，適當地引導他們，用心對待孩子，相信孩子必定能感受到這份真心。

媽媽的對話練習

1. 當孩子帶朋友回家時，花些時間在旁邊觀察孩子們的互動，並透過具體的讚美，讓孩子變得更好。

「哇啊，你好棒喔！」

↓

「謝謝你幫阿姨把點心分給其他小朋友，你真是個好幫手呢！」

2. 當孩子不小心犯錯時，向孩子說出你所觀察到的客觀事實。

「你老是這樣欺負人，沒有其他小朋友敢跟你一起玩了！」

↓

「阿姨剛剛看到你把食物丟到別人身上，對嗎？」

3. 運用同理心，以正面引導的方式教育孩子。

「下次不可以再這樣了，快點跟他道歉！」

↓

「可以請你幫他把衣服上沾到食物的地方擦乾淨，再跟他道歉嗎？阿姨知道這對你來說並不容易，要承認自己的錯誤，心裡一定很難受，但阿姨會在旁邊幫你陪你，好嗎？」

4. **當孩子採取具體行動改正自己的行為時，向孩子表示感謝。**

「嗯！就是這樣，你做得很好！」

↓

「謝謝你，你能把阿姨的話聽進去，並且願意這麼做，阿姨真的很開心！答應阿姨下次不要再這樣了，好嗎？」

17 協助孩子找回內在動機

別跟孩子說：「乖乖吃飯我讓你看電視！」

希望孩子主動做某件事，
並不是用獎勵或威脅的方法，
而是以信賴與耐心去陪伴。

我從小吃飯就不太需要大人操心，八歲大時就能一口氣吃掉十顆水煮蛋。但哥哥卻跟我完全相反，不太愛吃東西，媽媽常說每次餵哥哥吃飯都像是場戰爭。不過，我不是要教大家怎麼讓孩子乖乖聽話吃飯，而是想談談餵孩子吃飯時，大人們經常使用的方式。

是獎勵還是「交換條件」？

生活中，有許多事情會透過「交換」的方式各取所需。有時候我們在教養孩子時，也會這麼做，希望藉此教孩子學會一些事情，同時也是獎勵孩子的一種方式。例如：用主動幫忙做家事或是把零用錢存下來，來換得孩子想要的某個東西，或是當孩子考試考得不錯、完成某項目標時，父母也會買禮物送給孩子當作獎勵。從某些角度來看，獎勵是為了刺激孩子形成良好的習慣，因此適時的獎勵是必須的。

然而，如果經常用「交換條件」的方式和孩子溝通，會容易混淆教養的重點，也會讓孩子變得愛討價還價。因此，對孩子的獎勵分寸要合宜，並不是和孩子「交換條件」，而是站在彼此的立場互相理解。透過以下的對話，可以發現不同的說話方式，會有完全不同的結果。

「哇啊！你這次數學考試考九十分嗎？」

「對啊！媽媽妳別忘了我們的約定喔！妳答應過我要買遊戲卡給我的，快買給我吧！」

「好好好，我會買給你啦！」

上述的對話，並沒有同理對方的心情，只在乎交換條件的內容和結果。那麼來感受一下，下面對話的不同吧！

「哇啊！你這次數學考試考九十分耶！雖然這是我們約好的，但我知道你為了準備這次的考試很認真，我替你感到很開心，也謝謝你這麼重視我們之間的約定。」

「嗯！雖然準備考試真的很累，但是能夠考到理想中的成績我也很開心，媽媽妳會遵守約定，買遊戲卡給我吧？」

「當然會啊！其實就算你沒有考到九十分，我也知道你很努力，所以除了按照約定買遊戲卡送給你之外，我們等等再一起去買蛋糕慶祝，好嗎？」

交換條件原本只是單純地各取所需，但當以愛為出發點，讓愛在關係中流動時，就會讓「交換」這件事變得有意義。如果缺乏互相理解、情感交流的這一環，就會變成只是冷冰冰的「交易」。在教養孩子的過程中，你是否也曾為了讓孩子乖乖吃飯、考試成績進步、養成刷牙的習慣、主動整理房間、自動自發寫作業等，而和孩子交換條件呢？越是把焦點放在孩子是否完成「交易」這件事，反而越容易讓親子關係變得緊繃。

如果孩子也把這件事當作是一場「交易」，即使從父母那邊得到「獎勵」，也會認為理所當然，而不懂得感激。因為孩子心裡認為這是他應得的，是因為他認真用功讀書考九十分，媽媽才會買遊戲卡給他，這是他努力應得的報酬。當親子關係中，缺乏最重要的元素──愛與感謝時，就會讓彼此的關係越來越冷漠。交換條件式的教養方式，並不是愛孩子，而是在和孩子「談條件」。

父母需要靜下心來好好思考，生活中是否有許多事情經常和孩子「談條件」。例如：吃飯時對孩子說：「如果你乖乖吃飯，媽媽就開電視給你看。」、「你把飯吃完，媽媽就買玩具給你！」但吃飯這件事本來就是人類基本的生理本能，不需要透過交換條件的方式讓孩子乖乖吃飯。如果連孩子自己應該要做的事情，都用「條件」來交換，會讓孩子變得予取予求，凡事都要條件交換才有動力去做。

讓孩子找回內在動機

重要的關鍵在於，讓孩子採取行動的原因是來自於內在動機，還是外在動機？父母在這當中扮演著舉足輕重的角色，必須要拿捏好教養的尺寸。那些孩子必須要完成的事，就不該和孩子用「條件」交換。例如：洗澡、讀書、關心他人、共同參與家務事等。父母所要做的，就是讓孩子了解到這件事情的重要性，幫助孩子找到內在動機。即使需要花更多的時間和孩子溝通，也要努力讓孩子理解，讓孩子自動去做。透過獎勵的外在動機誘因，或許效果「立竿見影」，很快就能讓孩子「聽話照做」，但卻不是正確的教養方式。

尤其是**社會基本秩序規範和必須遵守的重要原則，絕對不能用「條件」來交換，要讓孩子清楚知道這件事的重要，扮演好「引導者」的角色，適時予以鼓勵並表達對孩子的感謝**。每個孩子都有自己的成長步伐，要讓孩子學會這些事，或許要花費的時間都不一樣，但如果凡事能試著讓孩子找回內在動機，相信對孩子的學習成長會大有助益，也會讓孩子找到熱情和閃閃發亮的眼神。

那麼，孩子不吃飯時，該如何和孩子溝通呢？用什麼方式才能幫助孩子找到內在動機呢？煮出能夠抓住孩子胃口的料理是其中一個方法。不過，像我這種本來就不大會煮飯的媽媽，不管再怎麼努力，煮出來的東西好像也都不太好吃，只能盡可能掌握孩子的喜好，試著了解孩子喜歡哪種料理？喜歡什麼口味？這大概是每個媽媽都很傷腦筋的一件事。但除此之外，還有很重要的一件事情，就是要透過溝通，清楚孩子在想什麼。

和孩子溝通時，不要用「交換條件」的方式，建議可以提出方案讓孩子選擇。允許孩子可以自己做決定，選擇自己想吃什麼？吃多少？即使孩子做出的選擇和父母的意見不同，也不能用強迫的方式，逼迫孩子聽從自己的想法。在許多家庭裡常出現「假民主」的教養方式，即假裝讓孩子有選擇權，但其實心裡早就有一套標準答案，用這樣的方式教養孩子，只會讓孩子心裡感到失落，也會越來越不相信父母所說的話。

當孩子不想做某件事情，例如不想吃飯時，不要用強迫的方式威脅孩子，也不要以交換條件利誘孩子，而是讓孩子喜歡上吃飯這件事。可以改變擺盤的方式，讓吃飯變成是一件好玩的事，或是和朋友一起用餐。不是對孩子說：「你乖乖吃飯我就開電視給你看。」、「你吃完飯就可以吃冰淇淋，沒有吃完就不准吃。」而是換個方式對孩子說：「吃完飯後我們就可以一起吃點心喔！」、「等你吃完飯之後，我們一起舒服地坐在沙發上看卡通吧！」

媽媽的對話練習

當和孩子意見不合時，不要用強迫或利誘的方式，可以試著用以下的方法和孩子溝通。

1. **詢問孩子的意見，試著聆聽孩子的想法。**

「吃這個有益身體健康，快點吃完就對了！」

↓

「你好像不大喜歡吃這個，那下次煮什麼給你吃比較好呢？」

2. **不要用交換條件的方式和孩子談判，而是向孩子提出建議。**

「你乖乖吃飯就開電視給你看，沒吃完就不准看電視！」

↓

「吃完飯之後，媽媽再陪你一起看卡通吧！」

18 理解孩子羨慕的心情，並教孩子學會感恩

當孩子說出：「我也好想當他們家的小孩喔！」時

孩子們有時看到身旁的朋友，會不自覺產生羨慕的情緒。然而，對孩子來說，比起直接說出羨慕的話語，他們會先說出觀察的話語。

例如：短髮的孩子看到留長髮的孩子，可能會說：「媽媽，為什麼她的頭髮是長的？我的頭髮卻是短的？」或者是皮膚黝黑的孩子看到皮膚白皙的孩子，可能會說：「媽媽，為什麼我這麼黑？她的皮膚這麼白？」

有一次，我去超市買東西時，無意間聽到某個孩子說：「媽媽，為什麼我沒有這個？」當孩子對他人產生羨慕的情緒，或是想擁有某件東西時，會像這樣以觀察的方式來表達。

每個人都希望獲得別人認可。因為人類無法獨自生存，會自然的想與他人建立關係，透過這種方式確認自己存在的價值。因此，我們會觀察別人的行為，進而去學習模仿，當別人擁有

某件東西時，也會想要擁有，在這過程中出現比較、競爭，也會伴隨著驕傲和自卑。

小時候的我們，看到別人擁有自己沒有的東西時，會感到羨慕，而現在的孩子羨慕別人什麼呢？當我們一味地滿足孩子時，真的會感到幸福嗎？孩子真的會感到快樂嗎？事實上，沒有真正的標準答案。

但可以確認的是，當我們察覺並接納自己羨慕他人的情緒，也懂得把羨慕轉化為正向動力，就比較能同理孩子的心情。當孩子說他羨慕某人時，如果我們只顧著難過，很容易就忽略了孩子的感受。當孩子出現羨慕和嫉妒的情緒時，要試著去理解背後的原因，幫助孩子把這樣的情緒轉化成前進的動力，倘若忽視不管，孩子的心情反而會變得更沉重。

羨慕與嫉妒

小時候，我經常去某個要好的朋友家玩。有一次，朋友的媽媽煎了餡餅給我們當點心吃，雖然有點涼掉了，但還是很好吃。不過，朋友卻對她媽媽說，餡餅涼掉了她不想吃，於是她媽媽又另外蒸了包子給她吃。從那之後，我便開始莫名的討厭那個朋友。不管她說什麼、做什麼，我都看不順眼，也漸漸和她疏離。現在回想起來，才發覺原來我，「嫉妒」她。

看到別人擁有某件東西，自己也想要擁有時，會出現兩種情緒。第一種是羨慕，另一種是嫉妒。

羨慕是一種較正面的情緒，雖然目前無法擁有，但知道透過努力，還是可以獲得。但嫉妒就不同了，嫉妒是知道自己不管再怎麼努力，都可能無法獲得時，而產生憎恨對方的負面情緒。我從小父母就離異，無法像那位朋友一樣，受到父母寵愛，因此嫉妒她。

我們經常會羨慕別人，但當再怎麼努力也沒用時，可能就會感到失落或心生嫉妒。因此，對孩子來說，他們可能會在朋友被老師罵時，在一旁幸災樂禍；朋友傷心難過時，在心中暗自竊喜。但把嫉妒當成是前進的動力，把別人的痛苦當成是自己的快樂，反而會讓自己陷入更悲慘的狀態。

像我經常因為羨慕別人感到沮喪，每當兒子跟我說他很羨慕誰家的孩子時，都會讓我感到很痛苦。特別是當孩子羨慕的是，別人家的父母感情融洽，更是令我揪心不已，對自己無法給孩子一個圓滿的家庭感到愧疚。

當孩子產生嫉妒的情緒時

我在國外旅居的那一年，經常帶兒子到隔壁鄰居家玩。他們雖然是很平凡簡單的家庭，但我很喜歡女主人臉上總是帶著微笑的幸福模樣，兒子也很喜歡到他們家玩。

某天，他們邀請我們和其他教會朋友去家裡玩，聚會上有很多豐盛的餐點，男主人一邊彈吉他一邊唱歌，所有人一起度過了美好的時光。那天晚上回家後，兒子躺在床上突然對我說：「媽媽，我好羨慕他們一家幸福美滿的樣子喔！」這句話，兒子重複了好幾次，我聽到後，內心感到很愧疚，整晚徹夜難眠。當媽媽的總想把最好的一切都給孩子，但我卻給不了孩子想要的，心裡對孩子感到很抱歉。但在這時候，如果連媽媽也陷入悲傷無法自拔，只會讓孩子更難受。甚至可能會埋怨自己的原生家庭、責怪先生，或責罵孩子好改變孩子的想法。

其實，這時候什麼事也不必做，只要靜靜地陪在孩子身邊就好。

要先接納自己能做的有限，雖然為人父母都盡可能想為孩子付出一切，但還是有很多做不到的事。我們需要坦然接納現況，了解自己現階段無法做到。或許心裡會難受，身為母親的我們，偶爾也會被自卑和挫折感淹沒，我們要做的，就是學會療癒自己的心，讓自己內心的傷口慢慢癒合。唯有如此，當孩子對我們說，他很羨慕別人這樣的話時，我們才能同理孩子的心情，告訴孩子：「媽媽可以理解你的心情。」

孩子的年紀還小，無法明白人生當中，並不是每件事情都能順著自己的心意，但透過我們的引導陪伴，孩子就能慢慢理解，並接納一切的不完美。

活在當下，感謝自己所擁有的一切

不久前，我在朋友的ＳＮＳ上看到一段祈禱文。內容是這樣寫的：

「每天早上當我醒來睜開眼時，我感謝自己能從睡夢中醒來，迎接這美好的世界。當我下床倒了一杯水喝時，我充滿感謝；用水清洗著臉龐時，我充滿感謝；一睜開眼看見我的孩子、我的家人時，我充滿感謝。我感謝這一切幸運的降臨，每一件生活中平凡的小事，都是那麼值得感謝！」

當你能對每件事心懷感謝，就能感受到，當下所擁有的一切，就是最幸福美滿的生活。這也是孩子們必須要學會的。然而，身為父母我們，總是忙著滿足孩子的需求，認為這才是所謂的愛孩子，反而會讓孩子變得一點都不快樂。因為即使擁有的再多，還是會想擁有更多。

因此，重點在於**讓孩子學會知足，懂得珍惜自己目前所擁有的一切，讓孩子從中找回幸福**。

如果我們因為孩子的話受傷，孩子可能之後就只會把話藏在心底，不敢說出口。因此，我們應該要理解孩子的心情，讓孩子能夠自在地說出心裡話。這樣，即使孩子羨慕別人時，也能對自己說：

「沒關係！這樣的我也很好！」

媽媽的對話練習

當孩子對你說：「媽媽，為什麼○○家房子好大喔？」該怎麼辦呢？試著一起練習吧！

1. 首先，接納並理解孩子的心情。

「我們家這樣也很不錯啊！」

↓「嗯！你覺得朋友他們家很大很漂亮，對嗎？」

2. 讓孩子明白每個人都是獨特的。

「沒關係，我們之後也可以搬到大房子去住。」

↓「每個人的個性都不一樣，喜歡的東西也都不一樣，不一定每件事情都要跟別人一樣喔！」

3. 盡力去做自己能做的事。

「媽媽很抱歉，沒辦法讓你住大房子，對不起！」

↓「雖然我們沒辦法立刻搬到大房子去住，但是我們可以一起做一些，讓我們感到幸福快樂的事情，好嗎？」

↓「把房間重新佈置一下，或許會讓家裡煥然一新，我們要一起試試看嗎？」

19 理解孩子想要爭寵的心情

當孩子說出：「妳比較喜歡我還是弟弟？」時

老婆懷第二胎時，懷孕期間，我和老婆經常對老大說：「妳要當姐姐了耶！開不開心？」時不時就會告訴她，等弟弟長大後，就會有人陪她一起玩了，告訴她許多當姐姐的好處，讓她充滿期待。當老婆肚子越來越大，姐姐也很開心地摸著媽媽的肚子，抬頭問：「媽媽，弟弟要出來了嗎？」似乎非常期待弟弟的到來。但當弟弟出生後，她卻開始出現一些反常行為。原本可以自己一個人睡，突然變得一定要有人陪；爬樓梯時，也會賴皮說自己腳好痛走不動，吵著要人抱，到最後沒辦法，只好抱著她爬樓梯。原本自己可以做到的事，現在全都要人幫忙才行，就連刷牙也是。雖然可以理解，她是因為弟弟出生後，心裡感到不安，擔心爸媽的愛被弟弟搶走，可是這麼大的孩子老是這樣耍任性，也實在讓我很受不了，到底為什麼老大會因為老二出生後，出現行為退化的現象呢？

這位爸爸之所以會如此困擾，是因為他下班回家後，要接手幫忙照顧老大。太太因為一整天照顧小的已經很累了，所以他得幫忙照顧姐姐。但自從老二出生後，老大就變得無理取鬧，經常耍任性發脾氣，令他十分頭痛。有些孩子在弟妹出生後，會突然像是一夜長大，主動幫忙照顧弟妹，對剛出生的弟妹疼愛有加。然而，大部分的孩子在弟妹出生後，心裡其實承受很大的不安，甚至會對弟妹產生嫉妒。

愛不會被瓜分，只會增加

當夫妻感情變差時，最終可能走向離婚；但父母和子女間的關係，不管再怎麼惡劣，卻也割捨不了。父母之所以會無條件接納孩子、愛孩子、滿足孩子，是來自父母對孩子的愛。這份愛不單單只是愛而已，更是一份責任與承擔。這份愛超越了個人喜好，是一種意志。愛若不是出自於個人的選擇和意志，很難維持愛的溫度。

孩子們會擔心弟妹出生後，父母便不再愛自己，怕父母的愛被搶走，為此感到不安。如果此時對孩子說：「妳看弟弟是不是很可愛？」、「等妹妹長大後，妳就不無聊了，就有人可以陪你玩了。」試想孩子聽得進去嗎？因此孩子才會出現退化行為，試圖引起父母關注。這時，父母要做的，是讓孩子理解什麼是愛？有兩個小孩的父母，或許會不經意說出老二比較可愛之類的話，但這並不表示偏愛老二。加上因為有了經驗，照顧老二時比較得心應手，不會像老大剛出生時那樣手忙腳亂，因此看起來感覺比較疼老二。

對每個爸媽來說，手心手背都是肉，並不會特別偏愛誰。如果問妳：「兩個孩子當中只能救活一個，妳會救誰？」妳大概會回答：「殺了我吧！無論如何，兩個孩子我都要救活！」這就是父母對孩子的愛，不會因為老二的出生，而把原本對老大的愛都給了老二。愛是一種奇蹟，也是一種魔術，隨著新生命的誕生，愛也會自然跟著加倍湧現。愛是無限大的，不會因為誰的出現而減少或被瓜分，只要讓孩子明白這一點就好。

好好擁抱孩子，告訴孩子妳有多愛他，讓孩子知道愛不會一分為二，也不會被任何人搶走。愛，一直都在。

愛是一種奇蹟，也是一種魔術，
隨著新生命的誕生，愛也會自然跟著加倍湧現。
愛是無限大的，不會因為誰的出現而減少或被瓜分，
只要讓孩子明白這一點就好。

老大心理不平衡該怎麼辦？

可以試著在一張空白紙上，畫上一顆大大的愛心給孩子看，告訴孩子：「這顆心代表媽媽對你的愛。弟弟出生了，但是媽媽對你的愛並沒有減少，也沒有分一半給弟弟喔！」

孩子可能會接著問：「如果媽媽沒有把一半的愛分給弟弟，那對弟弟的愛又從哪來呢？」這時候，拿出預先藏在身後，另外一張畫了同樣愛心的紙張，告訴孩子：「你看！這是另一顆愛心，弟弟出生後，媽媽的愛增加，變成兩倍了，又多了一份愛給弟弟，並不會因為弟弟出生，就減少對你的愛，媽媽對你的愛是一樣的，一點都沒有變！」

你也可以用積木來示範，方法無限多種，任何形式都可以。重要的是要讓孩子明白，愛只會增加，不會減少或被別人分走。用這種圖像的方式，孩子容易理解也容易記得。當然，有時候也會遇到兩個孩子同時需要媽媽的情況，那麼該怎麼辦才好呢？建議生完老二之後，規劃一段專屬老大的陪伴時間，例如：特別撥一個小時和孩子一起畫畫，接著告訴孩子：「媽媽剛陪你畫了一個小時，現在換弟弟要喝奶了，我去餵弟弟喝奶，你先自己一個人玩喔！」一開始，孩子可能會心理不平衡，因為以前媽媽二十四小時都是屬於他的，現在卻有一半的時間要分給弟弟，會覺得媽媽的愛被搶走了。當孩子生氣鬧彆扭時，**要讓孩子知道，雖然媽媽陪伴的時間被瓜分了，但愛並不會被瓜分**。每天撥出一小段時間單獨陪伴孩子，相信孩子也會漸漸明白，媽媽只有一個人沒有分身，只是陪伴的時間稍微改變了，但愛卻不曾改變，媽媽的愛只會增加不會減少。

媽媽的對話練習

當孩子問：「媽媽，你比較愛我還是愛弟弟？」類似這樣的問題時，要怎麼做好呢？

1. 先準備兩張空白紙，在紙上畫上一顆大大的愛心，先把其中一張給孩子看，另外一張藏在身後。

2. 把其中一張拿給孩子看時，可以對孩子說：

「這顆愛心代表著你出生後媽媽對你的愛。」

「你是不是覺得弟弟出生後，媽媽的愛被搶走了呢？」

3. 如果孩子回答：「是」，就把另一張藏在身後的紙拿出來並告訴孩子：

「你看！弟弟出生後，媽媽又多出了一顆愛心給弟弟，對你的愛一點都沒有改變喔！」

「愛就像泉水一樣不斷湧出，不會因為誰的出現而減少或被搶走。」

「這顆愛心代表著你出生後媽媽對你的愛。」

「不過，媽媽只有一個人，要同時照顧你和弟弟，有時候或許會讓你覺得被忽略，但媽媽對你的愛只會增加不會減少喔！」

20 如何處理孩子間的紛爭？

當孩子說出：「媽，妳偏心，妳都偏袒弟弟」時

我們班上有個叫允浩的孩子，天生患有氣喘病，容易對粉塵過敏。比起班上其他孩子，他顯得較為瘦弱，個子也相對嬌小。某天，舉辦家長座談會時，允浩媽媽對坐在允浩隔壁的昇宇的媽媽說：「昇宇媽媽，昇宇的動作比較粗魯，每次體育課下課後，他會把身上的泥巴灰塵弄得到處都是，害我們家允浩老是因此過敏，麻煩妳請他以後小心一點。」

昇宇是個性十分活潑開朗的孩子，有時候會喜歡故意惡作劇和同學開玩笑，允浩媽媽卻對這點感到很不開心。昇宇媽媽聽完這番話後，心裡也很不是滋味，便回答：「孩子們上完體育課身上有泥巴灰塵不是很正常嗎？我們家昇宇雖然個性比較大辣辣，但不至於會害別人。」

允浩媽媽也被這話激怒了，生氣地說：「但據我所知，昇宇經常故意用這種方式捉弄允

浩，他難道不知道允浩有氣喘嗎？朋友之間玩也要有個限度，要妳叫昇宇小心一點，有這麼困難嗎？」

「我會告訴昇宇，請他以後小心一點。但是如果你們家孩子真的這麼不舒服，那就叫他不要去上體育課不就好了嗎？」說完，昇宇的媽媽便離開位置跑來找我。

這時候，我如果站在昇宇媽媽的立場替她說話：「就是說啊！小孩本身有氣喘，自己就應該要多加小心注意才對啊！」想必允浩媽媽聽了一定會大發雷霆。但如果替允浩媽媽說話，轉過來告訴昇宇媽媽：「我知道這些話妳聽了不開心，不過允浩容易過敏，而昇宇有時候確實動作比較粗魯一些，所以還是請他以後多加小心注意。」我想，這下子鐵定換成昇宇媽媽火冒三丈。當兩個人發生衝突時，要如何不替一方說好話，也不用刻意批評另一方，就能讓彼此相互理解，化解雙方之間的誤會衝突呢？

以上述案例來說，允浩媽媽心裡真正想要的是，希望孩子能夠平安健康，所以也盼望身邊的人能夠多一分體諒並予以協助。而昇宇媽媽內心真正的想法是，不希望自己的孩子被批評，希望對方能尊重孩子活潑開朗的個性。但因為彼此無法溝通出內心真正的想法，所以允浩媽媽因此惱怒擔心，昇宇媽媽則感到氣憤委屈。

這兩個人應該要做的，並非只是批評對方，爭論誰對誰錯，而是好好察覺對方真正的需求，找到雙贏的解決之道。而這正是我們要教孩子的，教孩子如何透過獨立思考來解決問題。

那麼，當孩子和朋友吵架時，或者手足之間發生爭執時，身為母親的妳，該如何幫助孩子呢？

調解糾紛的技巧

了解對方真正的需求

我們家兩個孩子年紀只差一歲，因為年齡相仿，平常會玩在一起，但也經常鬥嘴。兄弟倆個性都很好勝，每次吵架彼此都想爭到贏，我夾在中間常常不知該如何是好。前幾天，弟弟吵著要哥哥把書借給他看，但哥哥不答應，於是弟弟直接把書搶走。哥哥跑來向我告狀，說弟弟沒有經過他的同意把他的書搶走，要我過去訓斥弟弟。於是，我對哥哥說：「你是哥哥，讓弟弟一下有什麼關係？你先看別本就好啦！」結果，哥哥立刻忿忿不平地大喊：「媽媽不公平！上次我搶走弟弟的樂高玩具時，妳罵了我一頓，說不可以隨便搶別人的東西，為什麼這次卻偏袒弟弟？」我頓時語塞，不知該說什麼才好，便走向弟弟跟他說：「你怎麼可以搶哥哥的東西呢？快點把哥哥的東西還給他！」這下換弟弟開始嚎啕大哭：「媽媽偏心！都買給哥哥故事書不買給我，每次我都要用哥哥用過的東西，我討厭媽媽！」我實在不知道該怎麼辦，於是把二個孩子都大罵一頓。當孩子發生爭執時，該如何處理才好？

通常孩子吵架時，都會認為自己才是真正的受害者。因此，即使媽媽對這件事情心裡已有評斷，也絕不能輕易說出來。就像大人受到委屈時，也會設法將自己的行為合理化，孩子們也是如此。當雙方陷入爭執時，會覺得自己是受害者，認為一切都是對方的錯。**媽媽所要做的，並不是判斷誰對誰錯，而是去了解孩子們心裡真正想要的是什麼？理解孩子們內心的需求。**

在這個事件中，哥哥心裡面想要的是什麼呢？

希望受到公平待遇，也希望自己說的話被相信。——關於媽媽

希望被尊重，能夠自己決定東西要不要借別人。——關於弟弟

弟弟心裡面的想法又是什麼呢？

希望自己也被同等重視，想確認自己是被愛的。——關於媽媽

想和哥哥一起玩，也希望哥哥能理解自己的心情。——關於哥哥

要讓爭吵中的孩子停止批評對方的方法就是，把注意力轉到孩子內心真正的需求上。可以試著對哥哥說：「你希望媽媽對你和對弟弟的態度要公平，也希望自己受到尊重，能夠決定自己的東西要不要借給別人，對嗎？」

接著，再看著弟弟的眼睛對他說：「媽媽知道你只是想跟哥哥一起玩，也想要確認媽媽對你的愛跟哥哥是一樣的，對嗎？」

而不是對孩子說：「哪有什麼你的、我的，這些都是媽媽買的，為什麼是你的？把東西交出來讓給弟弟！」或是「好了！不要再吵了！都不准再罵對方，也不准再說對方壞話，互相跟對方說對不起。是誰先動手的？先動手的人就是不對！」用這種方式處理孩子之間的紛爭，只會讓其中一方感到委屈。遇到孩子吵架時，請保持中立，用心去察覺孩子們心中真正想要的是什麼？

同理對方的情緒

「哥哥讓你很難過嗎？」

↓「你想要開心地和哥哥一起玩，但是因為哥哥不想，所以覺得很難過嗎？」

「弟弟惹你生氣嗎？」

↓「你希望可以決定自己的東西要不要借給別人，但卻被弟弟搶走了，所以很生氣嗎？」

如果父母能察覺到孩子真正的需求，就可以幫助孩子進一步去接納當需求無法被滿足時，伴隨而來的情緒感受。哥哥希望擁有物品的主控權，但卻沒獲得該有的尊重，因此感到生氣。而弟弟則是因為想要和哥哥一起玩，但卻沒辦法如願，而感到委屈難過。

這時候要讓孩子明白，他所感受到的情緒，並不是對方所造成的。當弟弟沒有經過哥哥同意把書拿走時，哥哥並不是每次都會生氣。可能只是因為剛好那一天、在那一刻，覺得這件事對他來說很重要，所以才會生氣。就像孩子作業沒寫完時，我們也不是每次都會大發雷霆地訓斥孩子，通常如果那天剛好處於身心俱疲的情況下，就會比較容易發脾氣；反之，如果那天整體狀態都還不錯，即使知道孩子作業沒寫完，也比較不容易生氣。情緒會隨著情況不同而不同，對方的行為只是導火線而已，並不是情緒背後的真實原因。對孩子來說也是如此，因此處理孩子糾紛時，並不是對孩子說：「哥哥讓你很難過嗎？」、「弟弟惹你生氣嗎？」而是說出具體事實，陪孩子找到情緒背後的原因，並用心同理孩子的內在感受。

一起找出雙贏的解決之道

當孩子吵架時，如果我們只顧著評斷是非對錯，反而會讓問題變得無解，試著透過以下的方式，引導孩子轉換思考。

孩子心裡面一開始一定會覺得：「是他不對，是他的錯，他必須要道歉才行！」協助孩子轉換思考為：**「我們現在吵架了，我們得一起找出解決問題的方法。」**

要怎麼做才能同時滿足哥哥的需求，又讓弟弟欣然接受呢？

首先，試著詢問孩子的想法。

「這是哥哥的東西，要怎麼做才能讓哥哥自己決定要不要把書借給你，但又能和你一起開心地玩呢？」

「哥哥可以念故事書給我聽，不然就是等哥哥看完後再借給我，可以嗎？」

「弟弟想和你一起玩，有什麼方法可以幫助他呢？」

「等我看完後，再跟你一起玩別的。不然就是我念給你聽，但是因為這是我的書，所以我要拿著念喔！」

為什麼當衝突發生時，我們沒辦法像這樣思考，讓彼此雙贏的方法，而只顧著指責批評對方呢？因為當我們內心的渴求無法獲得滿足時，會希望別人能夠理解，也希望自己的情緒能夠被同理。正因為如此，有時候即使問題解決了，心裡依舊會感到委屈。雖然結果很重要，但更重要的是過程中所感受到的情緒是否能被同理？唯有當彼此真正放下自我，用心去理解傾聽對方，才能真正找到雙贏的解決方法。

當時間和心靈充裕時，再嘗試調解糾紛

關於調解糾紛這件事，我常常失敗。因為我經常在內心處於焦躁，或是時間緊迫的情況下來做這件事。其實我們都有能力去察覺孩子內心的需求，也能夠同理孩子的情緒和感受。但有時候當我們急著要出門，或是趕著要上班，在這樣的狀況下很難好好處理。像這種時候，就可

以先解決問題，不要急著處理孩子的情緒。**等到有時間比較充裕時，再和孩子一起討論，當時為什麼會有這種感受？是什麼原因讓他覺得難受？好好和孩子溝通、思考下次如果發生類似事情時，該如何解決比較好？和孩子一起訂定規則**。當我們想和孩子一起處理某件事時，要先檢視自己目前的身心狀態，唯有身心處於放鬆狀態時，才能站在中立的角度去處理孩子們間的衝突，這點請務必記住。

媽媽的對話練習

當孩子們發生爭執時，如果要介入處理，請秉持以下原則，運用下面的對話形式和孩子展開溝通。

1. 首先讓孩子知道父母不會偏袒任何人，是要幫你們解決問題。

「是誰先動手的？」

→「我們一起想辦法解決，媽媽會在旁邊協助你們。」

2. 讓雙方都有表明立場的機會，並傾聽雙方的意見。

「看來是你不對！」

→「每個人都有五分鐘的時間，當對方說話時，另一方請耐心等待。」

3. 當孩子說完後，試著從孩子的話語中，察覺孩子內心真正的需求。（請參考附錄第328頁）

「我之所以會這樣，都是因為你！」

→「其實你會有這種情緒，並不是對方造成的，而是心裡面想要被（　　），因此產生了失落的情緒。」（括號中可帶入：尊重、理解、保護等。）

4. 讓孩子同理對方的感受，理解彼此的想法，和孩子思考如何解決問題。

「跟對方說對不起，以後不可以再吵架了！」

→「要怎麼做才能解決問題呢？」

21 教孩子面對生命這堂課

當孩子說出：「如果媽媽死掉了怎麼辦？」時

不久前，我曾經帶過的一名實習生，不幸罹患乳癌過世了。聽到這個消息後，我悵然若失地看著手機裡儲存的照片，照片裡的她，爽朗的笑容依舊，但一想到她已不在人世，悲傷的心情就難以平復，一個人呆呆坐著哭了好久。她是三個孩子的媽媽，孩子要面對母親離世的悲痛，內心該有多難受？我只能在心裡祝福孩子們早日走出喪母之痛，平安健康地長大。許多事在死亡前，一切不再是理所當然。

活著的每一天都是奇蹟

當我們明白這世界沒有什麼事是理所當然時，或許就能以不同的心情去看待生活中看似平凡的一切。即使是看著孩子可愛的臉龐、和孩子四目相視、平凡的育兒瑣事、煮飯、和孩子擁抱親吻、甚至是呼吸，都會覺得這一切彷彿是一種奇蹟。就連打電話跟朋友聊天，或是坐著發呆，也都是一種難能可貴的幸福。

幾年前，我進行一般例行性身體健康檢查時，其中有幾項檢查報告沒過，醫生建議我進一步做全面性健康檢查。等報告出來的那一星期裡，我才深刻體悟到，原來健康不是件理所當然的事，腦海中甚至閃過一個念頭：「啊！那些知道自己得絕症的人，或許心情也是如此吧！」就像對恐慌症患者們來說，他們連好好呼吸這件事都很難輕易做到。當恐慌症發作時，他們必須歷經呼吸困難的痛苦，整個人像是快要窒息般，只能在心裡用力祈禱：「請讓我好好呼吸吧！」他們連呼吸都無法控制，強烈的無力感湧上心頭，會覺得自己的生命是如此為不足道，而沉浸在無盡的悲傷中。

偶爾換個角度，回頭檢視生活中看似再平凡不過的瑣事。當我們知道一切並不是理所當然時，會更珍惜生命中的每一個當下，用心度過每一天。當我們把生命中的每一天都當成是最後一天，就能靜下心來同理孩子的心情，也會更留心在細節上，看見孩子平常沒有注意到的部分。

我會希望大家能試著這麼做的原因是，如果我們總是把所有事情都當成理所當然，很有可能會讓我們在不知不覺中漸漸和他人疏遠，也可能會變得越來越冷漠，最後導致關係破裂。

當我有了「人最終難逃一死」的想法時，一星期後在因緣際會下，我讀到了伊麗莎白・庫伯勒・羅斯（Elisabeth Kubler-Ross）的著作《用心去活》（*LIFE LESSONS*）。伊麗莎白・庫伯勒・羅斯被譽為「臨終關懷之母」。她是一名精神科醫師，出生於瑞士，是三胞胎姐妹中的長女。因為有兩個跟自己長得一模一樣妹妹，她從小就不停地思考「我是誰？」、「我從哪裡來？」類似這些探討生命的議題。於是，她下定決心要為人類奉獻一生，最後成了一位精神科醫生，並從事安寧療護工作，教導臨終者的人性照護及宣揚無條件的愛。在《用心去活》一書中，談論了許多生命中許多需要學習的議題。

應該把握的是「重要但不緊急」的事

當孩子生病時，我們會在心裡祈禱：「只要孩子能好起來，好好吃飯就好。」但當孩子痊癒後，某天沒寫完作業時，我們卻又會罵孩子：「就只知道吃，除了吃飯你還會什麼？」身為母親的我們，必須要經常觀察我們的內心狀態，時時保持覺察，因為唯有當我們學會「有意識」的覺察生活中的一切，才能成為孩子的心靈導師，陪伴孩子成長，幫助孩子真正地活出自己。

倘若我們不知道如何用心生活，每天都因為忙碌而過得盲目，孩子內心的花朵也會漸漸地枯萎。試著用心去同理孩子的感受，當孩子因為難過哭泣時，不要急著打斷孩子的悲傷，或大聲訓斥孩子：「哭什麼哭？又沒什麼好哭的！」而是告訴孩子：「你很難過嗎？讓媽媽抱抱你，好嗎？」當孩子開心的和你分享他的喜悅時，不要潑孩子冷水跟他說：「這點小事也值得你這麼開心嗎？」而是和孩子一同沉浸在喜悅中，告訴孩子：「媽媽看到你這麼開心，我也覺得很高興呢！」如果我們能把握每一個當下，把此刻都當成是生命中的最後一刻，相信我們對孩子的態度也會改變，會更珍惜和孩子相處的每一個時光。

面臨死亡之前，找到生命的意義

伊麗莎白．庫伯勒．羅斯在某次接受訪問時曾說：「人們都認為我是研究臨終心理學的精神科醫生，但其實我不是在研究死亡，而是在探討生命真正的意義。」當我在等待健康檢查報告出來的那一個星期內，我也思考了很多關於生命的議題。「假如我真的得了癌症該怎麼辦？兒子一個人該如何是好？如果我不在了，誰可以照顧他？」對死亡的恐懼彷彿快要把我吞噬，眼淚也開始流個不停，覺得自己好像被世界遺棄了。「如果我真的死了，孩子該怎麼辦才好？」我的腦海中不斷充斥著這個想法。於是，我把車停在路邊，做了幾次深呼吸後，毅然決然地取消當天所有行程，立刻衝去接孩子下課，迫不急待想趕快看到孩子。

在工作時你會發現，有些事情「緊急但不重要」，但有些事則是「重要但不緊急」。緊急的事情就算不需要特別提醒，我們也會知道，像繳管理費這種小事，我們會注意是否過了繳納期限。但重要的事卻因為一直在身邊，而容易忽略它的存在。孩子每天放學回家，像這樣看似再平凡不過的日常，我們忽略了這是多麼值得感謝的事，忘了要好好感謝，忘了要好好擁抱孩子。早上出門前和家人大吵一架，我們可能會氣沖沖地連再見也不說就甩門出去。一方面覺得反正等晚上回家再說就好，但有沒有想過，如果就此再也見不到心愛的家人呢？你會選擇用什麼樣的心情度過今天呢？是不是就會更義無反顧地對家人表達愛？盡可能不讓自己留下任何遺憾。

我們是如此幸福，有親愛的家人、朋友陪在身旁，因為有他們的陪伴，溫暖了生活中的每一天。然而，並不是所有人都如此幸運，環顧身旁，仍有許多令人遺憾的事不斷上演。因此，要更用心度過生命中每一天，把今天當成是一份珍貴的禮物，好好陪伴孩子，享受和他們在一起的美好幸福，珍惜得來不易的每一天。

媽媽的對話練習

當孩子擔心父母死掉，說出像：「如果媽媽死掉了，我該怎麼辦才好」的話時，請試著用以下的方式和孩子溝通。

1. 不要急著否認孩子的感受，試著接納孩子的情緒。

「媽媽才不會死掉呢！」

↓

「你想到這件事，心裡會覺得很害怕嗎？」

2. 溫柔地擁抱著孩子，用心感受孩子的情緒，藉著這個機會教孩子面對生命這堂必修課。

「你看媽媽這麼健康，怎麼可能會死掉！」

「不要老是擔心這些有的沒的。」

↓

「媽媽現在能像這樣站在這裡和你說話，就是一件令人值得感謝的事。所以要好好珍惜每一次相處的時間。過來讓媽媽抱抱你好嗎？」

22 夫妻吵架後要及時安撫孩子

而不是說：「媽媽都是為了你！」

我家的兒子今年剛上小學二年級。某天，孩子睡覺時，我和先生在廚房聊天，聊著聊著突然一言不合吵了起來。雖然只是件小事，但一直以來累積的情緒，全在那時候爆發，吵架的音量也越來越大。兩個人吵到失去理智，先生生氣地拿起餐桌上的筷子丟我，甚至還動手打了我的頭。我整個人大怒，生氣地衝過去狠狠地打了他的背。就在這時候，我看見原本睡著的孩子，醒來躲在廚房的角落偷看。於是，我叫孩子趕緊回房間睡覺，並把房門鎖上。先生也暫時到外頭冷靜，而我則躲到另一個房間裡，一個人哭了好一會兒。這件事情已經過了好幾天，在那之後，我都沒有跟兒子談起關於那天的事情，兒子也從未問起。我是不是應該跟孩子好好聊一聊？或是尋求其他協助呢？

每個父母都想讓孩子看到自己最好的一面，但和另一半吵架時，很容易就會陷入情緒的漩渦中，而彼此惡言相向，甚至失去理智亂丟東西或大打出手。明明心裡最不想讓孩子看到父母吵架的樣子，卻還是被孩子看見了。又因為不知道該如何處理這樣的狀況，默默獨自懊惱。但人生本來就不是每件事都能順心如意，悲喜交織才是真正的生活。而我們所要做的，並不是去埋怨或後悔那些已經發生的事，而是學會在每一刻適時地療癒自己，幫助自己走出生命中的逆境。

真誠的力量

上述案例中的那位媽媽，她心裡的想法是什麼呢？她其實想和先生好好溝通、想保護孩子，不想讓孩子看到父母吵架的樣子，但卻做不到。內心很不安，也擔心孩子看到父母激烈爭吵的畫面，會不會對孩子心裡產生影響？此時，媽媽最需要做的，就是撫平孩子不安的情緒。

那麼，孩子的心情又是如何呢？當孩子看到父母吵架時，心裡可能會覺得害怕，或是對自己的無能為力感到失落，可能在心裡也會想：「我現在該怎麼辦才好？」可以猜得出來，孩子是相當不安的。如果情況嚴重，也可能需要帶孩子去尋求專業的心理諮商師協助。究竟在這樣的情況下，父母該怎麼做比較好呢？

現在回想起來，我在經歷離婚那段過程時，似乎也沒心思去同理孩子的感受。但孩子內心的傷痛，一旦錯過了黃金治療期，便很難痊癒。因此，即便難受，也請及時撫平孩子內心的創傷。

此時，媽媽可以向孩子真誠地表達自己內心的感受，這是給孩子安全感最好的方式。「媽媽要跟你說對不起，上次讓你看到爸爸和媽媽吵架的樣子，真的很抱歉！我跟爸爸應該要好好說，而不是大聲吵架。我們很擔心你心裡會難過，你可以告訴媽媽，你的心情嗎？」像這樣向孩子坦白，孩子也比較能理解。我們總是害怕真誠地袒露自己，或擔憂再度提起這件事情，會讓孩子又回想起不好的回憶。但如果我們認為即使說了孩子也不會懂，就用沉默帶過，而不向孩子坦率地表達自己的內心，反而會讓孩子感到更困惑不安。

你的感覺，我懂

當孩子聽完媽媽的話後，對媽媽說：「媽媽，我那時候覺得很害怕，我不喜歡妳和爸爸吵架！」此時，先別急著辯解或向孩子說明原因，而是**同理孩子內心的感受**。

「嗯！我想你一定很害怕吧？」——感受

「你希望爸爸媽媽能夠和平相處，一家人開心地在一起對嗎？」——需求

「媽媽知道你看到我們吵架的樣子，心裡面很害怕，真的很對不起！」——坦承負責的態度

「媽媽知道你看到我們吵架，心裡會覺得害怕。對不起！沒有顧慮到你的心情。爸爸和媽媽會試著努力好好溝通，真的很抱歉讓你擔心了。」說完後，再好好擁抱孩子。至少這樣做能讓孩子感受到：「啊，原來爸爸、媽媽能夠明白我的心情啊！」

當然，我也明白這對媽媽們來說並不容易，有時候甚至會覺得：「拜託！連我自己都不知道自己在想什麼了，又如何能理解孩子的心情呢？」自己都很難過了，還要靜下心來同理孩子的情緒，更是一項艱難的挑戰。但不管怎樣，還是要嘗試去安撫孩子的心，而不是忽略孩子的感受。

媽媽的對話練習

當我們不小心讓孩子的心受傷時，試著用以下的方式和孩子溝通。

1. 真誠地向孩子表達內心的想法，坦白說出自己心裡的擔憂，再向孩子表示，想聽聽他的看法。

「媽媽很擔心你，我知道你有看到爸爸和媽媽吵架的樣子，對不起！我們應該好好跟對方溝通，而不是用吵架的方式，我也想聽聽看你有什麼想法，你願意告訴媽媽嗎？」

2. 當孩子說出心裡面的想法時，請同理孩子的感受。

「我們吵架不是什麼大不了的事情，不用想太多！」、「沒事，不用擔心！」

↓「你一定很害怕吧？（感受）你是不是希望爸爸、媽媽能好好溝通？（需求）媽媽知道你看到我們吵架時，心裡一定很不好受，沒有顧慮到你的心情，對不起！（坦承負責的態度）」

23 離婚後，最重要的是理解孩子的心情

而不是在孩子面前批評另一半

離婚後，父母自身都還在經歷內心的痛苦，很多時候其實沒有勇氣去面對孩子無助的眼神。但是，身為父母的我們要知道，當內心的情緒翻騰如海嘯的同時，孩子也正在某個角落，獨自承受著強烈的恐懼與不安。往往等到我們心情平復後，回過頭來才會在心裡懊惱「啊！孩子在那個時候，心裡也一定很難受吧」、「我不應該對孩子說這種話的」

可惜的是，當時的我們，很難察覺到這些事。當孩子半夜睡到一半，突然驚醒大哭時，我們無法同理孩子的感受，理解孩子之所以會這樣，是因為內心強大的不安所造成。反之，我們可能還會生氣的對孩子說：「都是你，媽媽都沒辦法好好睡覺了！」不自覺地把長期累積下來的壓力，一股腦發洩到孩子身上。和朋友談論這些事時，他們可以理解我們當時的心情。但孩子不但無法理解，甚至還可能會把這樣的傷痛埋藏在心中，久久難以釋懷。

離婚的父母們一定不希望在孩子的心裡留下陰影，此時父母雙方所要做的，就是盡可能讓傷害減到最低，一起為了撫平孩子受傷的心靈，努力前進。

就算離婚後不再是夫妻，彼此沒有婚姻關係的束縛，也要記得，即使離了婚，你們依然是孩子的父母。孩子，是父母最大的原動力，也因為有孩子，才能讓我們重拾力量。也請不要忘了專注看著孩子的眼睛，讓孩子感受到父母的愛依然存在，透過雙方一起努力，孩子自然能走出父母離異的傷痛，重新迎接嶄新的人生。

有些話不要對孩子說

當夫妻離婚後，彼此會協商關於未成年子女的探視權。擁有監護權的一方，必須協助讓另一方可以定期和孩子見面。當媽媽擁有監護權時，就表示爸爸擁有探視權。因為兩人是協議離婚，因此早已有心理準備，各自將展開不同的生活，心裡也比較不會有太大的衝擊。但對孩子來說，他們需要花更多時間適應，當他們必須來回往返爸爸和媽媽各自的家時，內心會感到不安。萬一孩子年紀還小，不知道該如何表達情緒時，心理上的壓力也可能造成異常反應。

有些孩子可能會開始咬指甲、半夜會尿床、出現神經性腹瀉的症狀，或變得不大愛說話或對任何事情都漫不經心。每個孩子的症狀都不一樣，父母必須從旁細心觀察孩子的變化。夫妻真不得已走向離婚一途時，請多留意孩子的行為和生理狀態，適時予以協助。因為原本和父母住在一起孩子，現在要往返二個家，內心會面臨很大的衝擊和混亂，需要時間重新調適。

「你去爸爸那邊做什麼？」

「爸爸有說什麼嗎？奶奶有沒有說媽媽的壞話？」

「為什麼每次你只要去爸爸那裡，回來後整個人就髒兮兮的？」

如果在孩子面前批評另一半，或是不停追問孩子去前夫或前妻那邊做了什麼？發生什麼事情？孩子的心裡會有什麼感受？可能會覺得自己像犯人一樣被審問，覺得自己不被信任，也不知道該怎麼回答比較好，因此感到不安。孩子心裡其實承受了很大的壓力，明明就不是孩子的錯，是大人們的選擇，為什麼卻要孩子承擔這一切呢？

父母之所以會忽略掉這點，是因為沒有好好同理孩子的心情。無論如何，千萬不可以在孩子面前批評另一半。如果我們在孩子面前，不斷批評對方，只會讓孩子的腦更加混亂，心更感到痛苦。因此，當孩子從對方那裡回到家後，即使不管再怎麼好奇，也都請不要過問。只要簡單的關心孩子：「今天去爸爸家好玩嗎？和爸爸在一起開心嗎？有什麼事想跟媽媽分享的呢？」

若孩子自己說起某些問題時，只要用心聆聽孩子的話，接著問他：「有什麼是我可以幫你的呢？」如果可以，也能向孩子表達對另一半的關心。「爸爸都還好嗎？奶奶身體健康嗎？」

即使父母選擇離婚，還是必須一起努力找出怎麼做對孩子最好。請記得孩子需要的並不是完美的父母，只要向孩子展現最真誠的一面，用真心對待孩子就好。

也就是說，只要在我們能力範圍內，盡我們最大的努力。稍微給孩子一些時間，當孩子心情穩定後，可以坦白告訴孩子選擇離婚的理由，不必擔心在孩子面前露出脆弱的一面，並記得不要在孩子面前批評另一半。

讓孩子重新嶄露笑顏

美國著名心理學家約翰・戈特曼（John Gottman）所寫的《培養高情商的孩子：讓孩子受益一生的情緒管理法》（*The Heart of Parenting: How to Raise an Emotionally Intelligent Child*），書中針對美國青少年成長過程和家庭關係之間的影響進行研究調查。結果發現，孩子並不會因為家庭型態的轉變而受到影響，真正會影響孩子的是，父母之間的關係。

意思是，即使父母沒有離婚，但若經常在孩子面前吵架，也會讓孩子在心裡面留下陰影。相反的，即使父母離婚，但如果能彼此尊重，找到和平相處的模式，讓孩子看到父母離婚後，仍為了自己人生的幸福而努力，孩子就不會因為家庭型態的轉變受到太多影響。

我們都無法預測未來會發生什麼事，或許某天我們可能面臨離婚的抉擇，或是突然失去另一半。但無論我們處在何種困境，家庭型態如何轉變，重要的是我們教育孩子的態度和方式，以及我們和孩子之間的親子關係是否緊密？這才是真正對孩子造成重大影響的關鍵。

面臨離婚時，一想到未來的生活，我們可能會感到徬徨，也可能會在心裡埋怨：「我怎麼這麼倒楣，遇到這種人，毀了我一生的幸福。」所有負面的情緒排山倒海而來，把矛頭都指向對方。但試想當我們抱著這樣的心情面對孩子時，孩子會感受到幸福嗎？個性偏激一點的父母，或許還會出現：「要是當初沒有生下孩子，說不定會好過一點。」的負面想法。

不管怎樣，請不要忘了，孩子其實是一切希望的來源，是他們讓我們更有勇氣、更有力量。

媽媽的對話練習

離婚後，當孩子和前夫（前妻）見面完回來後，請不要用追問或探聽消息的方式和孩子對話，而是真心去理解孩子的感受。

「你在那吃了什麼？」、「去哪裡了？」、「他們有說什麼嗎？」

↓「有發生什麼好玩的事情嗎？」

↓「和爸爸（媽媽）在一起開心嗎？（好玩嗎？）」

↓「大家都還好嗎？」

↓「有什麼話想跟爸爸（媽媽）說嗎？」

↓「有爸爸（媽媽）可以幫得上忙的地方嗎？」

附錄1　什麼是需求

當我們覺得某件事情很重要的時，內心其實潛藏著某種需求，透過以下列表，可以幫助我們找到內在的需求。

基本需求	關聯性	舉例	
生存需求	與身體、情緒、安全相關的需求	空氣 食物 住宅 休息（睡眠） 肢體接觸 成就表現 情緒穩定 經濟穩定 連結 紐帶	安全 照顧（自己） 保護（自己） 形成依附關係 自由行動—運動 健康 幸福 安慰 慰問

社會性需求
與歸屬感、團隊合作、愛情相關的需求
溝通 照顧（同理） 尊重 相互性 共生共存 理解 包容 支持 合作 幫助 感謝 關心 友情 分享 憐憫 歸屬感 共同體 安心（放心） 愛情 信賴 確定感 可預測 一致性 參與感 誠信 職責—責任 和平 閒暇 美好事物 教導 成就 共好 靈活度 親密感 依附關係 照顧（對方） 保護（對方）

基本需求	關聯性	舉例
追求權力的需求	與追求成就、認同感、自尊相關的需求	平等　認同 秩序（合作）　一致 自信心　個性 自我表現　熟練 存在價值　專業 能力　尊重 存在感　正義 公正　價值 真實性　平衡 透明性　目標 正直（誠信）　效率
追求自由的需求	與追求獨立、自律、選擇權相關的需求	成就　自由 生產　自立 成長　自律 創造　獨處時間 治療　自由行動 選擇

追求趣味的需求	與娛樂遊戲、學習等相關的需求	趣味（遊戲） 自覺 挑戰 覺醒 清晰 學習 刺激（發現）
追求生存意義的需求	尋求靈性和身心靈成長的需求	意義 生命禮讚（祝福。哀悼） 愛情 生命藍圖 夢想 希望 心靈交流 靈性成長 靈感 尊嚴 貢獻

附錄2　什麼是感受

如果希望對方能夠理解自己，首先最重要的是，必須先覺察自己內在的情緒感受。請試著比照以下列表，找到自我的情緒感受。

當事情如願以償時（需求被滿足）	當事情不盡人意時（需求未被滿足）
興高采烈、激動、滿足	彆扭
舒暢	擔憂
感恩、感謝	痛苦
平靜、安心	麻煩
懷念	無力
高興	緊張
充滿活力、熱情四溢	神經緊繃、焦慮
輕鬆自在	冷淡
溫柔親切	驚訝
堅強	鬱悶
心境開闊、寬容	惶恐

當事情如願以償時（需求被滿足）	當事情不盡人意時（需求未被滿足）
充滿吸引力	害怕、恐懼
溫暖	心煩意亂
開心	行屍走肉、麻痺無感
心滿意足	垂頭喪氣
爽快	憤慨
朝氣蓬勃	不安
愉悅、愜意	悲慘
踏實安定	遺憾、惋惜
充滿勇氣	生氣、憤怒
痛快	羞愧
驕傲	悲傷
陶醉	失望、落寞
自在、從容不迫	惆悵
穩定	令人不捨
幸福	慘澹、茫然
充滿好奇心	壓力很大
愜意、舒適	委屈

當事情如願以償時（需求被滿足）	當事情不盡人意時（需求未被滿足）
迷人、渾然忘我	不舒服
富足、豐盛	神情恍惚
興奮、令人悸動	孤單
充滿希望、充滿期待	畏縮
	焦慮
	充滿挫折感
	厭煩
	疲憊
	不耐煩
	空虛、失落
	混亂
	震怒
	後悔

family field 親子田　親子田系列036

疲憊媽媽的修復練習

作　　者　朴宰蓮
譯　　者　鄭筱穎
總 編 輯　何玉美
主　　編　王郁渝
封面設計　楊雅屏
內文排版　顏麟驊

出版發行　采實文化事業股份有限公司
行銷企劃　陳佩宜・黃于庭・馮羿勳
業務發行　張世明・林踏欣・王貞玉・林坤蓉
國際版權　王俐雯・林冠妤
印務採購　曾玉霞
會計行政　王雅蕙・李韶婉
法律顧問　第一國際法律事務所　余淑杏律師
電子信箱　acme@acmebook.com.tw
采實官網　www.acmebook.com.tw
采實臉書　www.facebook.com/acmebook01

I S B N　978-957-8950-93-1
定　　價　360 元
初版一刷　2019 年 3 月
劃撥帳號　50148859
劃撥戶名　采實文化事業股份有限公司
104 台北市中山區南京東路二段 95 號 9 樓
電話：(02)2511-9798　傳真：(02)2571-3298

國家圖書館出版品預行編目資料

疲憊媽媽的修復練習 / 朴宰蓮著；鄭筱穎譯 . -- 初版 . --
臺北市：采實文化，2019.03
336 面 ; 14.8×21 公分 . --（親子田系列 ; 36）
978-957-8950-93-1（平裝）

1. 母親　2. 親職教育

544.141　108001677

엄마의 말하기 연습 Mom's Talking Practice

采實出版集團
ACME PUBLISHING GROUP